J.-J. ROUSSEAU

J. J. ROUSSEAU

REPRODUCTION DU PASTEL DE LATOUR

Conservé au Musée de Saint-Quentin

J.-J. ROUSSEAU

PAR

ARTHUR CHUQUET

PARIS

LIBRAIRIE HACHETTE ET Cⁱᵉ

79, BOULEVARD SAINT-GERMAIN, 79

1893

J.-J. ROUSSEAU

CHAPITRE I

LA VIE

Jean-Jacques Rousseau appartient à la France presque autant qu'à Genève, sa ville natale. Son ancêtre Didier, qui reçut droit de bourgeoisie en 1555 dans la cité de Calvin, était Parisien. Lui-même juge les Français légers et volages, mais plus vrais qu'aucun autre peuple; il applaudit à leurs victoires, et son cœur saigne de leurs défaites; il les aime, en dépit de lui, malgré leurs travers et leur air avantageux; il se console de leurs malheurs en songeant que leur littérature soutient et relève leur gloire abaissée par les armes; nourri de leurs livres, écrivant et parlant leur langue, il avait pour eux une passion aveugle, insurmontable; il a nommé la France la nation la plus célèbre de l'univers et la patrie commune du genre humain; eût-il été Rousseau, s'il ne s'était formé à Paris?

Mais les impressions des premières années ne s'effacent pas. Il n'a jamais oublié la ville où s'écoula sa jeunesse ; toutes les fois qu'il y entrait, il éprouvait une sorte d'attendrissement, et lorsque, dans l'exil, il apercevait de loin les clochers de Genève, il soupirait comme pour une perfide maîtresse. Son âme ne cessa d'errer autour des bords du Léman, et c'était sur ce lac, non sur un autre, qu'il souhaitait de vivre avec une femme aimable et un ami sûr. Il s'est proclamé « citoyen de Genève ». Tous ses livres portent la trace de son origine bourgeoise, protestante et républicaine. Comme ses compatriotes, il cache sous le flegme la fougue du Méridional, et c'est de Genève qu'il tient son amour-propre, son humeur indépendante, défiante et sombre, son esprit de mécontentement et de contradiction, ces singularités qui font du Genevois une boîte à surprises.

Il naquit le 28 juin 1712. Sa mère, Suzanne Bernard, belle, coquette, très courtisée, spirituelle et grande liseuse de romans, mourut en lui donnant le jour. Son père, Isaac, horloger et maître de danse, était homme de plaisir, léger, insouciant, égoïste. Un esprit inquiet le poussait à courir le monde, et durant plusieurs années il tenta la fortune à Constantinople. Il passait le temps à se promener, à lire, à faire bonne chère ou à chasser. Ardent, querelleur, rancuneux, il scandalisa ses austères concitoyens. En 1699, une rixe avec des Anglais lui valait une amende. En 1722 il braquait son fusil sur un capitaine Gautier qui lui défendait d'entrer dans ses prés, et, quatre mois plus tard, rencontrant cet homme dans une rue de Genève, il dégainait et le blessait à la joue : « Tu t'en souviendras, lui criait-il, je suis Rousseau! » Violent et faible à la fois, Isaac était incapable de diriger l'éducation de ses enfants. Son fils aîné, François, disparut après mille escapades, sans jamais donner de ses nouvelles.

Le fils cadet, Jean-Jacques, faillit tourner aussi mal. A sept ans, il dévorait les *Hommes illustres* de Plutarque et des romans à grands sentiments, comme *Cassandre* et l'*Astrée*, qui le faisaient pleurer à chaudes larmes. Le père inspirait et partageait ses goûts. Les deux Rousseau commençaient à lire un volume au sortir de table, et n'allaient se coucher qu'après l'avoir achevé. Quelquefois Isaac, entendant au matin les hirondelles, disait tout honteux à son fils : « Gagnons notre lit, je suis plus enfant que toi ». Ces lectures précoces ont surexcité l'imagination de Jean-Jacques et rempli son esprit d'idées bizarres et romanesques. Plutarque l'enflammait au point qu'il se croyait Grec ou Romain et qu'en racontant l'épisode de Scevola, il avançait la main sur un réchaud. Sa sensibilité s'exaltait en même temps. Isaac qui regrettait sa femme, disait à l'enfant : « Parle-moi de ta mère. — Nous allons donc pleurer », lui répondait son fils.

Jean-Jacques était bon. Un jour qu'il s'amusait, dans une fabrique d'indiennes, à promener sa main sur un cylindre, son cousin Fazy fit mouvoir la roue; Jean-Jacques eut deux doigts pris dans le cylindre,

et les deux ongles y restèrent : il promit à Fazy de
ne pas le dénoncer. Une autre fois, son camarade
Plince lui donna sur la tête un si rude coup de mail
que le sang jaillit : Jean-Jacques garda le secret.
Mais une tante paternelle, Suzon Rousseau, plus
tard Mme Gonceru, qui lui tenait lieu de mère, lui
lâcha la bride. Abandonné à lui-même, n'agissant
qu'à sa fantaisie, suivant toujours son caprice, il
n'apprit pas à obéir, et il conçut une aversion mortelle pour tout assujettissement et toute règle.

Après sa querelle avec Gautier, Isaac Rousseau
avait fui de Genève. Condamné par contumace, il
s'établit à Nyon et s'y remaria. Jean-Jacques fut mis
en pension avec son cousin Bernard à Bossey chez
le pasteur Lambercier. Ce fut là qu'il prit le goût
de la campagne, plantant et arrosant des arbres,
cultivant un petit jardin, criant de joie lorsqu'il
grattait la terre et découvrait le germe du grain qu'il
avait semé ou lorsqu'il voyait les framboisiers qui
ombrageaient sa fenêtre, pénétrer jusque dans la
chambre. Mais accusé d'une faute qu'il n'avait pas
commise, niant avec obstination, cruellement châtié,
révolté de cette injustice, il voulut quitter la maison
du pasteur.

On le retira de Bossey, et durant quelque temps
il vécut tantôt à Nyon, auprès de son père, tantôt à
Genève, auprès de l'oncle Bernard. A peine avait-il
douze ans qu'il éprouvait à la fois deux sortes
d'amour : amour de l'imagination et amour des sens.
Une jeune fille, Mlle de Vulson, s'amusait à le

prendre pour galant, et lui, croyant à la passion qu'elle affichait, ne ménageait ni les soupirs, ni les larmes, ni les accès de jalousie, ni les lettres pathétiques ; lorsqu'elle se mariait, il jurait avec rage de ne plus la revoir. Mais le roman ne chassait pas le tempérament, et au sortir des scènes qu'il faisait à Mlle de Vulson, il allait trouver mystérieusement une Mlle Goton qui se permettait avec lui les plus grandes privautés.

Il fallait pourtant gagner sa vie. On le mit chez le greffier Masseron pour le former au métier de *grapignan* : il fut renvoyé comme inepte. On le mit en apprentissage chez le graveur Ducommun : il fut rudoyé, tyrannisé, et bientôt César devint Laridon ; vaurien, polisson, fripon, enfant perdu, voilà les épithètes qu'il se donne. Il apprit à dissimuler, à mentir, à dérober ; étrillé par son patron, il restait insensible aux mauvais traitements et pensait que voler et être battu allaient ensemble. La lecture, la lecture avide, gloutonne, furieuse, le consolait de ses déboires ; il lisait les volumes, bons et mauvais, qui lui tombaient sous la main, lisait toujours et partout, à l'établi, en commission, à la garde-robe ; il donnait ses cravates, ses chemises, ses hardes, ses trois sous de chaque dimanche à la loueuse de livres.

Inquiet, taciturne, sauvage, épris de solitude, vivant en loup-garou, nourrissant son imagination des aventures de ses héros, dévoré de désirs, haïssant son entourage, convaincu qu'*enfant de Saint-Gervais* et non *garçon du haut*, il n'aurait qu'une destinée malheureuse, il quitta Genève. Le dimanche, après vêpres, il allait s'ébattre dans les environs avec ses camarades ; mais par deux fois il s'attarda, trouva les portes fermées, et le lendemain matin il fut roué de coups par son maître. Il se promit de ne plus s'exposer à un semblable accueil, et, le 14 mars 1728, se voyant réduit une troisième fois à passer la nuit au dehors, il refusa de rentrer en ville.

Il battit quelques jours la banlieue. Puis M. de Pontverre, curé du village savoisien de Confignon, lui persuada, tout en lui versant du frangy, de se faire catholique, et l'envoya chez une nouvelle convertie, Mme de Warens, qui demeurait à Annecy.

Rousseau, alors au milieu de sa seizième année, était, comme il le resta, extrêmement timide et gauche. Il avait la vue basse, de vilaines dents, une petite taille ; mais son joli pied, sa jambe bien faite, sa figure animée, sa bouche fine, ses sourcils nettement marqués, ses cheveux noirs, ses yeux ardents, enfoncés, qui lançaient des éclairs et révélaient ses sentiments expansifs et tendres, prévenaient en sa faveur. Il partit pour Annecy, s'arrêtant à la porte des châteaux, chantant comme un ménestrel sous la fenêtre la plus apparente, comptant trouver des aventures grâce au charme de sa voix et au sel de ses chansons, mais n'apercevant ni dame ni demoiselle. Enfin, le jour de Pâques fleuries, 21 mars, il arrive à Annecy. Mme de Warens vient de sortir pour aller à la messe ; il court sur ses pas, la rattrape dans une ruelle qui conduit à l'église, à une place heureuse qu'il aurait voulu plus tard entourer d'un balustre d'or, lui présente d'une main tremblante la lettre de M. de Pontverre.

Il croyait rencontrer une vieille dévote chagrine, morose et nullement attirante. Il vit une jeune et belle dame, tomba sous le charme et dès l'instant se sentit catholique. Une religion prêchée par de pareils missionnaires ne menait-elle pas au paradis? Il en perdit sa fausse honte et son embarras : tout de suite il fut à l'aise et conta son histoire avec feu.

Françoise-Louise de la Tour, née le 31 mars 1699 à Vevey, dans le culte protestant, allait atteindre sa vingt-neuvième année. Elle s'était mariée en 1713 à M. de Loys, seigneur de Warens, homme jeune encore, faible et qui se soumit aveuglément à son influence. Mais elle avait le goût des spéculations industrielles. Elle acquit une manufacture de bas de soie et crut s'enrichir; elle s'endetta et, voyant ses affaires entièrement dérangées, abandonna tout, mari, religion, patrie. Au mois de juillet 1726, elle se dit malade et se rend de l'autre côté du lac, non sans emporter le linge le plus fin, l'argenterie et des ballots entiers de marchandises. Le roi Victor-Amédée prenait alors les eaux d'Evian; elle se jette à ses pieds et lui demande sa protection et du pain; elle prie l'évêque Bernex de la faire instruire dans la religion catholique; et le 7 août, de bon matin, escortée par quatre gardes du corps, elle part, dans la litière royale, pour Annecy; elle entre au pre-

mier monastère de la Visitation, et le 8 septembre
elle abjure. Elle obtient une pension; elle sort du
couvent, fait figure dans la ville, se qualifie de
baronne, et, à son tour, opère des conversions.

Petite, courte, ramassée dans sa taille, ronde et
grassouillette, elle était en 1728 dans l'éclat de sa
jeunesse. Elle avait un teint éblouissant, des yeux
bleus très doux, une bouche mignonne au sourire
enchanteur, des cheveux cendrés dont le tour
négligé rendait sa physionomie plus piquante et
plus tendre encore, une gorge admirable, de très
belles mains, la voix jolie et argentée. Elle ne
manquait ni d'esprit ni de connaissances : elle s'était
frottée à des gens de lettres et avait eu pour amant
un M. de Tavel, homme de goût et de savoir; elle
faisait grand cas de Bayle et de Saint-Évremond; elle
lisait volontiers La Bruyère, qu'elle préférait à La
Rochefoucauld. Les sociétés choisies où elle avait
vécu, le commerce de la noblesse savoisienne, un
coup d'œil jeté sur la cour lui avaient donné l'expérience du monde et l'habitude de moraliser, parfois
même de raisonner sur les choses à perte de vue.
Sensible, bienfaisante, elle secourait les malheureux avec une inépuisable charité. Vive, alerte, née
pour l'intrigue, elle ignorait l'oisiveté et l'ennui.
Franche, ouverte, enjouée, rieuse, elle sut conserver
jusqu'au dernier jour une sérénité que ni l'âge, ni
l'indigence, ni les disgrâces ne purent altérer. Mais,
comme Rousseau, elle avait dès sa naissance perdu
sa mère. Élevée par des tantes qui la laissèrent à

elle-même, elle s'était accoutumée à dédaigner les travaux de son sexe et à s'entourer d'inférieurs qui la flattaient. Absolument dépourvue de principes, regardant la chasteté comme un préjugé et la pudeur comme une maxime de police sociale, elle disait volontiers qu'une femme n'a besoin que de paraître sage, trouvait tout simple de se donner, et se donnait tranquillement, en repos de conscience, sans scrupule ni remords. Pourquoi refuser à ses amis une faveur qui n'avait à ses yeux aucune importance et qui redoublait leur attachement? Tous ceux qui lui plaisaient la possédaient, et Rousseau, dans un voyage à Vevey, n'osait la nommer ni s'informer d'elle, de peur qu'on ne lui dît des choses qu'il ne voulait pas entendre. Sa légèreté tourna contre elle. Elle prenait les opinions de ses amants et entrait avec ardeur dans leurs idées. Les diverses éducations qu'elle reçut ainsi se mêlèrent, s'embrouillèrent dans sa cervelle et gâtèrent la justesse naturelle de son esprit. Elle forgeait, forgeait des plans, et, les moyens dépassant ses forces, tous ses projets échouaient l'un après l'autre. Elle avait le goût de la médecine empirique et de l'alchimie : elle prétendit avoir des secrets, et consuma son temps au milieu des fourneaux à trier des herbes, à piler des drogues, à gouverner des alambics, à fabriquer des élixirs, des teintures, des baumes, des opiats, des magistères. Poussant la générosité jusqu'au gaspillage, prodiguant son argent comme son corps, ouvrant sa bourse au premier venu, accueillant tous les aventuriers et les charlatans, elle s'obéra, ne put lasser les créanciers et, pour rétablir sa fortune, entreprit des exploitations de mines qui la ruinèrent complètement. Elle mourut dans la maladie, la misère et l'avilissement (29 juillet 1762).

Mme de Warens envoya Rousseau à Turin, à l'hospice des Catéchumènes. Il partit le 24 mars, et traversa les Alpes, tout fier de suivre Annibal, rêvant de sa chère patronne et regardant avec amour un petit ruban glacé d'argent qu'elle lui avait donné pour son épée. Son oncle Bernard et son père Isaac essayèrent mollement de le rattraper. L'oncle alla jusqu'à Confignon ; le père, jusqu'à Annecy.

Les catéchistes de l'hospice du Spirito Santo bâclèrent en quatre mois la conversion de Rousseau. Le 12 avril 1728 il avait entendu la grosse porte à barreaux de fer se refermer sur lui à double tour. Le 23 août, il sortait de l'établissement. Il avait abjuré publiquement, en robe grise à brandebourgs blancs, pendant que deux hommes, l'un devant, l'autre derrière lui, frappaient avec une clef sur des bassins de cuivre où chacun mettait son aumône. Il a dit plus tard qu'il faisait acte de bandit, vendait sa religion et mentait au Saint-Esprit : il n'était qu'un enfant et son âge l'excuse. Mais, lorsqu'on le jeta sur le pavé de la rue, il n'avait d'autre pécule qu'une vingtaine de francs, le produit de sa quête. Il visita Turin et assista tous les matins à la messe du roi. Sa bourse s'épuisant, il alla de boutique en boutique graver un chiffre ou des armes sur la vaisselle. Une jeune marchande le prit en affection et le garda quelques jours ; mais le mari le mit à la porte.

Il devint laquais et entra d'abord chez la vieille comtesse de Vercellis, puis chez le comte de Gouvon, chef de la maison de Solar. M. de Gouvon avait une petite-fille, Mlle de Breil, brune avec cet air de douceur des blondes auquel Rousseau n'a jamais résisté. Une fois, à dîner, Jean-Jacques expliqua la devise des Solar : *tel fiert qui ne tue pas*. Mlle de Breil, ordinairement dédaigneuse, jeta sur Rousseau un regard de satisfaction et, d'un ton aussi timide qu'affable, lui demanda à boire. Il fut saisi d'un tel tremblement qu'il répandit une partie de l'eau sur l'assiette et même sur la jeune fille. On le changea de service ; on voulut l'instruire, l'attacher à la maison comme secrétaire et homme de confiance. L'abbé de Gouvon, fils cadet du comte, lui traduisit Virgile, lui enseigna le pur italien de la Crusca, lui apprit à discerner les bons ouvrages et à lire avec réflexion. Mais Rousseau ne voyait point de femme à tout cela ; cette façon de parvenir lui semblait lente et pénible ; il se fit honteusement chasser. Il s'était engoué d'un Genevois, du nom de Bâcle ; il ne fréquentait que Bâcle, ne jurait que par Bâcle, trouvait que personne n'était plus amusant, plus bouffon que Bâcle ; il suivit Bâcle qui retournait à Genève, et il quitta l'abbé de Gouvon sans le remercier.

Le voyage fut une partie de plaisir. Les deux amis avaient une petite fontaine de Héron ; ils croyaient qu'elle fournirait à leurs dépenses et qu'ils

n'auraient qu'à la montrer pour obtenir bon souper
et bon gîte. Mais partout ils durent payer leur écot.
Ils se lassèrent de cette fontaine qui n'opérait pas
de miracle, et, un jour qu'elle se cassa, ils en jetèrent gaiement les morceaux. Bientôt les deux insé-
parables se séparèrent. Les adieux eurent lieu à la
porte d'Annecy : « Te voilà chez toi », dit Bâcle à
Rousseau, et, faisant une pirouette, il disparut.

Au printemps de 1729, Rousseau revenait donc
chez Mme de Warens. Elle le garda, et il fut le plus
heureux des hommes. La *maman* ne ménageait au
petit ni les baisers ni les tendresses; il dînait avec
elle en tête-à-tête et ne cessait de l'entretenir de son
babil; il la couvait des yeux; il lui servait de fac-
totum, et, en sa présence, rédigeait des plans,
copiait des mémoires, transcrivait des recettes,
fabriquait des médicaments; il assistait aux conver-
sations de la dame avec des gens de toute espèce,
soldats, apothicaires, chanoines, frères lais. Elle le
dressa, lui donna des leçons de tenue et de bonnes
manières. Elle lui apprit à bien lire, à écrire cor-
rectement, sans fautes grossières d'orthographe, ni
vicieuses locutions. Elle lui enseigna, tout en folâtrant, la morale du cœur, un christianisme poétique
et vague à la Fénelon. Elle bâtissait pour lui des
projets d'avenir et pria M. d'Aubonne, un de ses
amis vaudois, de tirer l'horoscope de Jean-Jacques.
Le pronostic fut peu flatteur; Rousseau parut à
M. d'Aubonne un garçon très borné, propre tout au
plus à devenir curé de village.

Ce jugement n'a rien d'étonnant pour qui connaît Rousseau. Lui-même s'est expliqué là-dessus. Il sentait vivement, mais il pensait lentement et voyait mal. Ses idées ne naissaient qu'à la longue, et lorsqu'elles venaient, elles arrivaient en foule, comme pour l'accabler, et ne s'ordonnaient que difficilement dans sa tête. Il écrivait avec une peine extrême et couvrait de ratures ses manuscrits. Dans la conversation, il n'osait parler, ou, s'il parlait, il balbutiait le plus souvent une sottise. Bref, il n'avait de l'esprit qu'après coup et sur l'escalier.

Rousseau fut reçu au séminaire d'Annecy. Deux mois plus tard, on le renvoyait. Mme de Warens le mit en pension chez le maître de musique de la cathédrale, Nicoloz. Mais Nicoloz eut une querelle avec un chanoine et quitta la ville. Rousseau l'accompagna jusqu'à Lyon, et là, au milieu d'une rue, le voyant tomber du haut mal, l'abandonna.

Lorsqu'il rentra dans Annecy, Mme de Warens n'y était plus ; elle venait de gagner Paris avec M. d'Aubonne pour proposer à l'ambassadeur de Sardaigne, Maffei, une entreprise sur le pays de Vaud. La camériste, Mlle Merceret, consola Rousseau de l'absence de la maîtresse. Lorsqu'elle dut rejoindre son père à Fribourg, elle pria Jean-Jacques de l'escorter. Elle avait peur la nuit et, durant la route, fit coucher le jeune homme dans sa chambre. C'était une bonne fille, accorte, raisonnable, que Rousseau regretta de n'avoir pas épousée. On passa par Genève. On vit à Nyon Isaac Rousseau, toujours pleurnichant, mais incapable de retenir son fils, de lui donner un conseil.

Et dès lors les aventures succèdent aux aventures. Rousseau dépose à Fribourg la Merceret, puis s'arrête à Lausanne pour contempler le lac. Mais il faut vivre. Il se souvient d'un sien ami parisien, Venture de Villeneuve, dont il s'était entiché naguère. Venture, aimable, désinvolte, audacieux, parlait de tout, savait tout, entamait tout; il chantait à la messe, allait dans le beau monde d'Annecy et dînait chez le juge-maje Simond, cet homme court, mince, inconcevablement petit, mais spirituel et instruit, que l'auteur des *Confessions* a si joliment crayonné. Rousseau voulut imiter Venture : il s'appela Vaussore de Villeneuve et s'intitula Parisien et maître de musique. Il se couvrit de ridicule. Une de ses élèves lui chanta les airs qu'il ne pouvait déchiffrer, et, lorsqu'il fit exécuter dans un concert une pièce de son cru, toute la salle éclata de rire et le bafoua.

Il passa l'hiver de 1730 à Neuchâtel et y connut les extrémités de la misère. Dans sa détresse, il supplia son père et sa belle-mère; Isaac le somma de revenir au calvinisme : Jean-Jacques refusa.

Un jour d'avril 1731, dans une auberge, à Boudry, il vit entrer un homme à grande barbe et à l'air noble. Ce personnage portait un bonnet fourré et un habit violet à la grecque, se donnait le nom de révérend père Athanasius Paulus, de l'ordre des Saints-Pierre-et-Paul de Jérusalem, et faisait une quête en Europe pour le rétablissement du Saint-

Sépulcre et le rachat des esclaves chrétiens. Il ne parlait qu'italien. Rousseau devint son interprète et le suivit à Fribourg, à Berne, à Soleure. L'ambassadeur de France, M. de Bonac, flaira l'escroc dans l'archimandrite; mais il eut pitié de Rousseau et le retint. Jean-Jacques coucha dans la chambre qu'avait occupée son homonyme, le lyrique Jean-Baptiste.

Il fut envoyé à Paris pour y servir le neveu du colonel Godard. Mais il jugea que l'oncle Godard était un grigou, et Paris une ville boueuse et noire. Il reprit le chemin de la Savoie, le chemin de Chambéry, où Mme de Warens s'était établie dans l'été de 1731. Ce fut son dernier voyage à pied, la dernière de ces longues courses qu'il entreprenait allègrement et de si bon cœur, sans se presser, sans se soucier de rien, aspirant le grand air avec volupté, laissant son âme errer d'objet en objet, jouissant des paysages divers qui se succédaient, s'arrêtant dans un site qui le séduisait, restant des heures entières au bord d'un précipice à regarder l'écume de l'eau ou à jeter des cailloux qui roulaient, bondissaient et volaient en éclats avant d'atteindre le fond du gouffre, ravi de cette existence ambulante, de la santé qu'il gagnait en marchant, et de son appétit robuste, se régalant au cabaret avec quelques sous, couchant n'importe où, à la belle étoile, sous un arbre, dans la niche d'un mur de terrasse, comptant sur le hasard et parfois trouvant une aubaine, faisant une bonne rencontre. Un matin qu'il allait chantant sur la route de Lyon, il s'entendit appeler;

il se retourne et voit un moine antonin qui lui
demande s'il a jamais copié de la musique, et qui
l'emmène. Pendant trois ou quatre jours, Jean-
Jacques demeura chez l'antonin.

Pour la troisième fois — au printemps de 1732 —
Rousseau était l'hôte de Mme de Warens. Elle le
recommanda chaudement à l'intendant général, qui
l'employa aux travaux du cadastre. Mais bientôt il
se révolta contre la gêne du bureau. Il raffolait de
Rameau et se plongeait dans son *Traité de l'harmonie*; il voulait être compositeur, et au mois de
juin 1733 il se rendit à Besançon pour suivre le
cours de l'abbé Blanchard. L'abbé allait s'établir à
Paris; Rousseau revint à Chambéry et donna des
leçons. Il eut une clientèle nombreuse. On le recher-
chait, on l'accueillait avec empressement, ses éco-
lières lui faisaient des agaceries et des avances.

A l'entendre, sa « bonne maman » aurait pris un
moyen héroïque, et, s'offrant en holocauste, elle
aurait détourné le péril sur sa personne; d'un air
grave et sur un ton moral, nullement sévère mais
plus sérieux que d'habitude et presque solennel,
elle aurait dit à Jean-Jacques qu'elle aimait mieux
se sacrifier, se livrer elle-même; et elle aurait laissé
à son protégé, tout effrayé de cette proposition singulière, huit jours de réflexion. Mais elle avait pour
amant son domestique, Claude Anet. Herboriseur,
grave, circonspect, laconique, Claude Anet rendait
de grands services à Mme de Warens, et, Vaudois
comme elle, converti comme elle et au même temps,

il avait été sans doute le complice de sa fuite. Rousseau n'ignorait pas l'intimité des deux personnages ; il avait vu Claude Anet avaler une fiole de laudanum parce que Mme de Warens s'était mise en colère. Il envia le bonheur de Claude Anet et en demanda sa part. On n'habite pas impunément sous le toit d'une dame jeune, jolie et caressante. Jean-Jacques devint amoureux fou ; il regardait Mme de Warens comme la seule femme qui fût au monde ; il baisait le lit où elle couchait, les rideaux et les meubles que sa belle main avait touchés, le plancher où elle marchait ; il avalait un morceau qu'elle avait rejeté ; il faisait les mêmes extravagances que son Émile, volant l'assiette de crème où la cuiller de Sophie a trempé. Mme de Warens n'hésita pas : un amant de plus ne lui coûtait guère, et il lui sembla piquant de déniaiser ce jouvenceau et d'être pour lui plus qu'une mère.

Anet, Rousseau, Mme de Warens formèrent donc un ménage à trois. Les deux hommes ne se jalousaient pas, ne se gênaient pas ; ils avaient confiance l'un dans l'autre ; sur l'ordre de leur souveraine, ils s'embrassaient tout attendris et pleurants ; elle les assurait qu'ils étaient tous deux nécessaires à sa félicité. Jean-Jacques prétend même que le tête-à-tête amoureux offrait moins de douceur que ce trio d'amis !

Cette triple alliance fut soudain brisée. Mme de Warens avait projeté d'établir à Chambéry un jardin des plantes dont Claude Anet serait le démonstrateur appointé et un collège de pharmacie où Rousseau eût trouvé sa place. Mais le 14 mars 1734 on enterrait Claude Anet, mort d'une pleurésie, à l'âge de vingt-huit ans, au retour d'une excursion. Rousseau hérita de ses nippes et de son emploi de majordome, mais non de sa fermeté. Il ne sut pas mener les affaires, ni s'opposer aux profusions de Mme de Warens.

Léger, étourdi, outrecuidant, il faisait par instants des coups de tête, comme sa course à Besançon. N'avait-il pas, à ce voyage, laissé dans sa malle une brochure qui fut saisie par la douane française au bureau des Rousses? En 1735, nouvelle échappée. Mme de Warens lui pardonna, et Jean-Jacques reconnaît qu'elle le ramena par ses bontés à la saine raison. Mais elle finissait par se lasser de lui. Lorsqu'au mois de septembre 1737, il crut avoir un polype au cœur, elle l'envoya sans regret à Montpellier.

Rousseau, qui se disait Anglais jacobite, fit sur la route, entre Grenoble et Montélimar, la conquête d'une Mme de Larnage. Il admira le Pont du Gard, et lorsque ses pas retentirent sous les voûtes immenses de l'aqueduc, il s'imagina percevoir la forte voix des Romains qui les avaient bâties. Il visita les arènes de Nîmes, et son plaisir fut gâté par les vilaines masures qui remplissaient alors ce superbe cirque. Au mois de mars 1738, il était de nouveau à Chambéry : les médecins de Montpellier s'étaient moqués de lui.

Mme de Warens n'avait écrit que rarement à son

protégé durant ce voyage. Encore lui faisait-elle des reproches et le sommait-elle de ne rentrer qu'au mois de juin. Un autre occupait dans son cœur et sa maison la place de Jean-Jacques. C'était, comme Rousseau, un nouveau converti; il se nommait Wintzinried.

Ce Wintzinried, que Jean-Jacques qualifie de garçon perruquier et de fils du concierge de Chillon, appartenait à une bonne famille; son père était châtelain et justicier du village de Courtilles, dans le pays de Vaud. Il aimait à briller, à faire du tintamarre, à chevaucher sur les chemins, à s'étaler noblement aux yeux des voisins, et il s'attribua bientôt le nom de M. de Courtilles. Rousseau le juge vain, sot, ignorant, insolent, et Mme de Warens lui conseillait de s'observer et de parler peu. Mais zélé, diligent, exact, il devint une sorte d'agent voyer et fut inspecteur du château de Chambéry. Mme de Warens l'apprécia, d'autant qu'il avait quatre ans de moins que le *petit*, et qu'il était grand, blond et bien tourné. Elle crut trouver un trésor; elle se l'attacha; elle le prit comme intendant et comme amant. A peine Rousseau se rendait-il à Montpellier qu'elle louait une métairie aux Charmettes, près de Chambéry, et aussitôt Wintzinried exploitait la ferme, chargeait, charriait, sciait, fendait du bois; il avait toujours la hache ou la pioche à la main; on le voyait et on l'entendait partout, à la charrue, aux foins, à l'écurie, à la basse-cour. Quelle différence entre ce gaillard robuste, actif, empressé, et Rousseau souffreteux, fantasque et négligent!

Jean-Jacques assure qu'il refusa cette fois tout partage, malgré les instances de Mme de Warens. Mais il consentit à demeurer sous le même toit que Wintzinried; il rechercha ses bonnes grâces; il le traita de *frère*; il le nommait avec une affectueuse gaieté *Taleralatalera*; il reconnaît que Courtilles, «au fond, n'était pas mauvais».

Le 6 juillet de cette même année 1738, Mme de Warens, abandonnant sa métairie, louait un domaine situé en face de la ferme et connu sous le nom de maison des Charmettes. Cette maison, sise à mi-côte d'un petit vallon, était fort agréable : sur le devant, un jardin en terrasse; au-dessus, une vigne; au-dessous, un verger; vis-à-vis, un bois de châtaigniers; tout près, une fontaine; plus haut, dans les montagnes, des pâturages. Jean-Jacques y passa l'hiver de 1738 et l'année 1739, tantôt seul, tantôt avec Mme de Warens et Wintzinried. Les Charmettes ne furent donc pas le paradis qu'il a décrit. Il n'y goûta pas le bonheur et cette joie d'aimer que retracent les *Confessions*. Mais il jouissait de la campagne : il se levait avant le soleil, travaillait au jardin, cueillait les fruits, soignait le colombier; il visitait les ruches, et les abeilles se posaient, sans le piquer, sur sa main et sa figure; il entreprenait de longues courses, de ces courses qui mettaient en branle son esprit et ses jambes, dégageaient son âme, animaient sa pensée, avivaient ses idées. Ses livres l'accompagnaient partout; il les oubliait quelquefois au pied d'un arbre et les retrouvait quinze jours après, pourris ou rongés par des fourmis et des limaçons.

De ce séjour des Charmettes date sa misanthropie. M. de Conzié, qui le voyait quotidiennement, rapporte qu'il avait déjà le goût de la solitude et le mépris des hommes. Mais c'est aux Charmettes qu'il fit « provision de talents » et qu'il acquit assez de connaissances pour se suffire à lui-même et raisonner sans le secours d'autrui. Il bouquinait jusqu'alors à tort et à travers; il mit désormais de la méthode dans ses lectures et, comme il dit, les pensa beaucoup; il s'efforça de débrouiller le fatras dont sa tête s'était farcie; il traduisit Virgile, le scanda presque en entier et, malgré les révoltes de sa mémoire, apprit par cœur les *Eglogues*. Dans un poème, *le Verger des Charmettes*, il énumère les auteurs qu'il lut à cette époque; ce sont les meilleurs, les plus utiles, entre autres, le « touchant » Voltaire.

Mais cette vie ne pouvait durer. Il comprit qu'il devenait importun. Au mois d'avril 1740, il entrait, comme précepteur, chez M. de Mably, à Lyon. Cet essai pédagogique avorta misérablement. Ses deux élèves étaient, l'un espiègle et mutin, l'autre niais et têtu. Le premier se moqua de Rousseau qui voulait le prendre par le sentiment; le second répondit à ses emportements de colère par un silence stupide. A cet insuccès se joignirent des sottises. Malgré les leçons de Mme de Warens et la fréquentation de

Perrichon, de Bordes, de Parisot, Jean-Jacques restait embarrassé de sa contenance et gardait son air empêtré. Il essaya de plaire à Mme de Mably qui ne daigna remarquer ni ses œillades ni ses soupirs. Il vola, pour le boire en cachette, dans sa chambre, un petit vin blanc d'Arbois qui l'avait affriandé. Au bout d'un an, il rentrait aux Charmettes. Mais le passé ne pouvait renaître. Rousseau se sentit derechef étranger; quatre mois après, dans l'été de 1741, il partait pour Paris : il avait inventé un système de notation musicale par les chiffres qui devait le mener à la fortune et à la gloire.

Son système échoua. L'Académie des sciences déclara qu'il n'était ni neuf ni utile. Jean-Jacques protesta contre ce jugement dans une *Dissertation sur la musique moderne* et affirma qu'une jeune Américaine avait pu, grâce à son procédé, déchiffrer en trois mois la musique la plus difficile; le public fut indifférent. Désespéré, Rousseau se mit à jouer avec fureur aux échecs pour primer au moins en quelque chose.

Un jésuite, le père Castel, lui conseilla de se pousser par les femmes. Recommandé à Mme de Bezenval et à sa fille, la marquise de Broglie, Jean-Jacques devint secrétaire de M. de Montaigu, ambassadeur de France à Venise. Il entrait donc dans la diplomatie, et s'il était tombé sur un autre homme que cet ancien capitaine aux gardes, il eût fourni peut-être une brillante carrière. Toutefois il

était secrétaire de l'ambassadeur, non de l'ambas-
sade, et, selon le mot du temps, *domestique* de Montaigu. Aussi ne put-il jouer le rôle qu'il s'attribue,
ni sauver, comme il dit, le royaume de Naples. Il
rédigeait les dépêches que son patron, ignorant et
nul, se contentait de signer. Mais il se crut indispensable et se donna des airs d'importance. Montaigu, arrogant, brutal, accusa son secrétaire d'in-
solence, de présomption, de folie, et le chassa sans
lui payer ses gages. Pour le braver, Rousseau demeura quinze jours encore à Venise, se montrant
partout, faisant avec bruit ses visites d'adieu. De
retour à Paris, il se plaignit et demanda réparation.
Il n'obtint que ses appointements, et se prit à détes-
ter de plus en plus la société ; la justice, écrivait-il, a
toujours tort contre la puissance.

Il revint à la musique : il fit exécuter, d'abord chez
le fermier général La Popelinière, puis chez M. de
Bonneval, intendant des menus, l'opéra des *Muses
galantes*, et il remania pour le duc de Richelieu un
opéra de Voltaire, mis en musique par Rameau, les
Fêtes de Ramire. Mais les *Muses galantes* n'eurent
pas l'honneur d'être jouées devant le roi, et Rameau
interdit la représentation de *Ramire*. Jean-Jacques
tomba malade de douleur.

Sa situation était d'autant plus misérable qu'il
venait d'assumer la plus lourde des charges. Dans
son hôtel de la rue des Cordiers se trouvait une
jeune servante, Thérèse Le Vasseur. Après l'avoir
défendue contre les taquineries des locataires, Rous-

seau se la donna pour compagne. « Je ne vous délais-
serai jamais, lui disait-il, mais jamais je ne vous
épouserai ; il ne me convient pas de contracter un
engagement éternel, et aucun devoir ne m'y oblige. »
Il prétend que Thérèse l'a consolé et conseillé. En
réalité, cette fille laide, illettrée, stupide, incapable
de connaître les heures du cadran, prenant le chapelain d'un petit prince allemand pour le pape,
lâchant à tout propos des coq-à-l'âne, cancanière,
gourmande, a simplement satisfait son besoin d'attachement, et il avoue, après une union de vingt-
cinq ans, qu'il n'a jamais ressenti pour elle la
moindre étincelle d'amour. Elle imposa sa famille à
Jean-Jacques. Il devint la proie d'une bande d'af-
famés et de *sangsues*, du père Le Vasseur, qu'il
finit par renvoyer dans une maison de charité, de la
mère Le Vasseur, femme rusée, rapace, insatiable
que son mari nommait avec terreur le lieutenant
criminel, et de la gent Le Vasseur. Cette séquelle
vécut effrontément aux dépens de Jean-Jacques. La
mère et la fille, les *gouverneuses*, tripotaient, prenaient de toutes mains, extorquaient aux amis de
Rousseau et à son insu des présents, des pensions.
Vinrent les enfants : gaillardement, sans scrupule
et sans vergogne, Rousseau les mit à l'hôpital. Il en
eut cinq ; il les abandonna tous les cinq et les livra,
suivant son mot, à l'éducation publique. Il était trop
pauvre, a-t-il dit, pour les nourrir, et le tracas
qu'ils lui causeraient, ne lui laisserait pas la tranquillité nécessaire à son travail ; il aimait mieux

qu'ils devinssent ouvriers ou paysans qu'aventuriers
et coureurs de fortune : il les garantissait de son
propre destin; il choisissait pour eux un sort préférable à celui que leur réservaient une mère comme
Thérèse et une famille comme les Le Vasseur. Mais
n'a-t-il pas flétri le père sans entrailles qui néglige
son devoir? N'a-t-il pas reconnu que le principal
soin de l'homme sociable est la subsistance de ses
enfants?

Malgré cette chaîne qu'il n'osa jamais rompre, il
ne perdait pas l'espoir de réussir. Il obtint, grâce à
Perrichon, une place de secrétaire chez Mme Dupin
et son beau-fils Francœuil. Son caractère s'aigrit
dans cette situation qu'il jugeait humiliante. Mais il
dissimula ses sentiments. Il s'éprit de Mme Dupin,
et s'enhardit à lui écrire; elle lui rendit sa lettre en
le priant d'un ton froid de ne plus l'importuner par
de semblables déclarations. Il ne se rebuta pas; il
accompagna Francœuil à Chenonceaux dans l'automne de 1747 et à la Chevrette dans l'été de 1748;
il payait son écot par des comédies; il était galant,
câlin, mielleux, fatigant même à force d'obséquio-
sité.

Mais il plaisait à ce monde de la finance. En y
regardant bien, les dames sentaient qu'il y avait
sous son extérieur un peu vulgaire, sous ses
manières contraintes et empruntées, sous ses com-
pliments recherchés et pesants, sous sa parole maladroite, un cœur jeune, passionné, et à certains instants, lorsqu'il était animé par le sujet de l'entretien,

elles le voyaient s'échauffer, éclater soudain, et, la physionomie comme vivifiée, l'œil étincelant, le geste impétueux, la voix haute, trouver dans les mouvements de son âme des accents énergiques et des expressions fortes, vigoureuses, pleines de l'émotion qui l'agitait. Il eut des amies qui s'engouèrent de lui : la fière Mme de Chenonceaux, la méchante Mlle d'Ette, l'aimable Mme d'Epinay dont les beaux yeux noirs rachetaient la maigreur. Elles jugèrent qu'il n'était pas ordinaire et possédait infiniment d'esprit, autant d'esprit que de vanité. Rousseau leur conta d'une façon simple, originale, passablement romancée, quelques incidents de sa vie, et son histoire leur parut aussi curieuse que sa personne.

Les gens de lettres l'accueillaient. D'Alembert entrait en relations avec lui. Diderot, qu'il nommait son Aristarque, l'enrôlait parmi les collaborateurs de l'*Encyclopédie*. Bien qu'il se tînt toujours sur une réserve inquiète et défiante, il se livrait avec Grimm et le chapelain Klüpffel à de petites orgies dans la rue des Moineaux. Ne projetait-il pas, avec Grimm et Diderot, de faire à pied, le fusil sur l'épaule, le voyage d'Italie, en se promettant mille comiques aventures? Duclos l'appréciait : « Il a de l'humeur comme un dogue, disait-il, mais donnez-lui le temps et vous le verrez mener un bruit du diable. »

Un jour de l'été de 1749, par une chaleur accablante, Jean-Jacques allait voir Diderot prisonnier à Vincennes. Il feuilleta pendant la route un numéro du *Mercure de France* et lut cette question que l'Académie de Dijon proposait comme sujet de prix : « Le rétablissement des sciences et des arts a-t-il contribué à épurer les mœurs? » Aussitôt, et suivant son ordinaire, des idées qui circulaient sourdement et fermentaient dans sa tête, se présentent à lui, vives, tumultueuses; il s'émeut et se trouble; il ne peut supporter l'éclat de la vérité qui l'illumine soudain et l'éblouit; pris d'étourdissement et d'une sorte d'ivresse, oppressé, palpitant, incapable de respirer, il se laisse tomber sous un arbre de l'avenue. Non, se dit-il, les arts et les sciences n'ont pas épuré les mœurs; notre système social fourmille de contradictions; l'homme est bon naturellement; nos institutions seules et leurs abus l'ont rendu méchant! Au bout d'une demi-heure de crise et d'extase, il se relève. Il avait pleuré, sans le savoir, et mouillé de larmes tout le devant de son gilet. Il voit Diderot, lui demande conseil. « Vous ferez, lui répond Diderot, ce que personne ne fera, vous n'êtes pas homme à prendre le pont aux ânes. »

Le *Discours sur les lettres et les arts*, couronné par l'Académie de Dijon en 1750, eut un succès sans pareil. Les plus raffinés applaudissaient à ce brillant paradoxe contre la civilisation. Les littérateurs admiraient le style du nouveau venu. Marmontel, faisant un retour sur la faiblesse de son propre talent trop précoce et trop vert, reconnaissait que le début de Rousseau était un coup de maître et que le Genevois, mûri par la méditation et l'étude, déployait dans sa première œuvre une plénitude étonnante et une virilité parfaite.

Rousseau sortait de l'obscurité. Ce n'était plus un bel-esprit : on le classait parmi les philosophes ; on le mettait hors de pair. Son orgueil s'exalta. Après avoir tenté de se guinder au ton doucereux et poli, il s'abandonna résolument à l'autre excès, et affecta la rudesse. Il déclara qu'il voulait mener la vie simple et austère que glorifiait son *Discours*, accorder sa conduite avec ses principes, prêcher la morale par son exemple encore plus que par ses livres : il braverait son siècle et romprait en visière aux usages du monde.

Il refusa donc la place lucrative de caissier que lui offrait Francœuil. Plus de dorure et de bas blancs ; plus d'épée ; plus de montre. Il réforme son costume, revêt un habit de gros drap, prend une perruque ronde. Il bénit le voleur qui lui dérobe ses chemises fines. Il se fait copiste de musique pour avoir un métier et gagner sa vie comme un ouvrier. Grimm se moquait de lui : « Soyez plutôt limonadier, lui disait-il, tout Paris ira vous voir et vous deviendrez riche. »

Jean-Jacques croyait faire secte, fonder une école, entraîner après lui les enthousiastes. Il ne réussit qu'à piquer la curiosité. Une pluie d'importuns s'abattit sur lui. On venait le relancer dans son galetas. Les femmes se disputaient sa musique, l'accablaient d'invitations ; il avait beau se céler, opposer aux visiteurs qui l'obsédaient, une mine glaciale et un ton bourru.

Il sentit qu'il avait pris un rôle insoutenable, et pour se tirer d'embarras, il outra la misanthropie. Naturellement décontenancé et un peu balourd, il trouvait à cette transformation avantage et commodité. Il foulait aux pieds les bienséances qu'il craignait de blesser; il méprisait cette politesse qu'il ne savait pratiquer; il faisait de son incorrigible fausse honte une âpre et intrépide vertu. Pourtant sa sotte timidité revint parfois et l'emporta. Il n'osait dire que le portrait de Mme de Luxembourg ne ressemblait pas du tout au modèle, et de peur de déplaire à un duc, il changeait le nom de son chien, *Duc*, en celui de *Turc*. Mais ses brusqueries, ses impertinences, son cynisme furent bientôt célèbres. Il refusait avec ostentation le gibier que lui envoyait le prince de Conti; lorsque le duc de Deux-Ponts demandait la permission de lui faire son compliment, « faites-le, répliquait Rousseau, mais qu'il soit court », et il répondait aux amicales avances du baron d'Holbach : « vous êtes trop riche ».

Ce sauvage devint donc l'homme à la mode. Au mois d'octobre 1752 son *Devin de village* est joué à Fontainebleau devant le roi. Jean-Jacques assiste à la représentation en équipage négligé, grande barbe, perruque mal peignée. Mais les spectateurs n'ont pour lui que des regards favorables; s'ils ne claquent pas en présence du roi, ils marquent leur approbation par un murmure flatteur, et les femmes se chu-

chotent, en pleurant, que la pièce est ravissante.
On voulut présenter Rousseau à Louis XV qui chantait l'air de Colin avec la voix la plus fausse de son
royaume et qui, sûrement, l'aurait gratifié d'une pension ; il se sauva, soit qu'il craignît de faire méchante
figure et de dire une sottise, soit plutôt par orgueil,
pour donner au monde une preuve éclatante de
désintéressement et d'indépendance.

Mais bientôt éclatèrent d'ardentes querelles. Il
dirigeait avec Grimm et Diderot la lutte du *coin de
la reine*, ou des partisans de la musique italienne qui
se rassemblaient à l'Opéra sous la loge de la reine,
contre le *coin du roi* ou les sectateurs de la musique
française qui se réunissaient sous la loge du roi.
Sa *Lettre sur la musique*, inspirée par la haine de
Rameau qui le qualifiait de pillard sans talent, souleva
tout Paris ; on accusa Jean-Jacques d'offenser la
nation parce qu'il niait sa musique ; on l'insulta ; on
lui ôta ses entrées à l'Opéra ; on le brûla en effigie
sur ce théâtre. La colère qu'il ressentit, s'aggravait
de soupçons injustes. Il s'imagina que ses amis
enviaient le triomphe du *Devin* et ne lui pardon-
naient pas de joindre au génie de l'écrivain celui du
compositeur. Aussi, lorsque sa comédie de *Narcisse*
tomba au Théâtre-Français, il déclara fastueusement
dans la préface qu'il n'était pas homme à briguer les
suffrages du public.

Dans l'été de 1754, Gauffecourt, son intime, se
rendit à Genève. Rousseau l'accompagna. Il n'ignorait pas qu'il allait au-devant d'une ovation. Ses

compatriotes le fêtèrent. Il dut, pour échapper aux badauds, se réfugier à la campagne. Exclu de ses droits de citoyen par son abjuration, il résolut de reprendre le culte de ses pères. Il fut exempté des formalités les plus ennuyeuses ; il ne parut pas en consistoire et une simple commission de six membres reçut sa profession de foi. Il avait appris par cœur une petite harangue ; il n'en put dire un mot et se contenta, comme un écolier, de répondre oui ou non. Sur quoi, il fut admis à la communion le 1er août 1754 et inscrit dans le rôle des citoyens.

Au bout de quatre mois, il revint à Paris. L'Académie de Dijon avait mis au concours la question « Quelle est l'*origine de l'inégalité* parmi les hommes et si elle est autorisée par la loi naturelle ? » Il médita ce sujet dans la forêt de Saint-Germain, cherchant au fond des bois l'image des premiers temps qu'il voulait retracer, déplorant les misères de ses semblables, s'écriant avec transport : « Insensés qui vous plaignez sans cesse de la nature, apprenez que tous vos maux viennent de vous ! » Il n'eut pas le prix ; mais il publia son *Discours* dans l'été de 1755 et le dédia à la République de Genève. Cette dédicace est fameuse. Après avoir loué la constitution du gouvernement, Jean-Jacques priait les « magnifiques seigneurs » de témoigner des égards et une sorte de gratitude aux ouvriers et aux gens du peuple, tous égaux par l'éducation ainsi que par les droits de la nature et de la naissance. Le

Petit Conseil remercia Rousseau par une lettre froide et polie.

Pourtant, en 1756, le médecin Tronchin lui proposa la place de bibliothécaire de Genève. Rousseau hésitait. Mme d'Épinay lui offrait au même instant la maisonnette de l'Ermitage à l'entrée de la forêt de Montmorency. Ce n'était plusieurs mois auparavant qu'une vieille masure; mais il en avait loué la situation, et, sur-le-champ, Mme d'Épinay l'avait fait arranger pour lui. Elle le conduisit un jour à cette petite loge. « Mon ours, lui dit-elle, voilà votre asile », et Rousseau, ému, mouilla de pleurs la main de son amie. Qu'allait-il choisir, la patrie ou la campagne? Irait-il à Genève ou à l'Ermitage? Il rudoya Mme d'Épinay : elle voulait le traiter en valet, mais il n'engagerait jamais sa liberté, et ferait ce qui lui plairait. Enfin, sur de nouvelles instances, il accepta l'habitation de l'Ermitage. S'établir à Genève, c'était vivre à côté de Voltaire, et il comprenait que le brillant écrivain, riche, puissant, aimé des femmes et des jeunes gens, lui ravirait toute influence sur sa ville natale.

Le 9 avril 1756 il s'installait à l'Ermitage. On voyait déjà les primevères et les violettes; les bourgeons des arbres commençaient à poindre, et, la nuit même de son arrivée, dans le bois qui touchait la maison, presque à la fenêtre, le rossignol fit entendre son premier chant. Rousseau fut ravi. Que de fois, à Paris, dans le tourbillon de la société, il s'était reporté par la pensée à ses bosquets et à ses ruis-

seaux ! Que de fois il avait rêvé de promenades solitaires ! Vainement il allait dans la banlieue et plus
loin encore ; il y retrouvait Paris ; il ne faisait qu'en-
trevoir la campagne, que lorgner du coin de l'œil
les haies et les buissons d'épines, que humer le
fumet d'une omelette au cerfeuil, qu'écouter vague-
ment les refrains rustiques, et il maudissait les jets
d'eau, les parterres et les grands soupers. Maintenant il était en pleine nature. La forêt de Montmorency devint son cabinet de travail. Il en connut
bientôt tous les taillis et les sentiers ; il la parcourait l'après-midi, tournant et retournant ses idées
dans sa tête, couvrant de notes son petit carnet
blanc.

Mais dès que cette âme inquiète sentait son bonheur, elle ne pouvait s'y tenir. Malgré la distance,
les désœuvrés de Paris venaient assaillir Rousseau
et troubler la paix de sa retraite. Thérèse et la mère
Le Vasseur n'aimaient pas les champs ; elles regret-
taient les commérages de la ville et les cadeaux ;
dès qu'il avait le dos tourné, elles faisaient bom-
bance ou jabotaient avec les laquais. Lorsqu'elles
surent qu'il voulait passer l'hiver à l'Ermitage, elles
entreprirent de changer sa résolution et appelèrent
ses amis à la rescousse. Diderot intervint, mettant
tout en drame, mêlant d'imprudentes vivacités aux
adjurations sentimentales, débitant de grandes phrases à propos d'affaires qui ne le regardaient pas.
Rousseau reconnaît qu'il aurait dû lui rire au nez.
Il se fâcha, s'emporta : Diderot, s'écriait-il, le con-

trariait toujours sur ses goûts et sa conduite ; Diderot prenait des airs de supériorité et oubliait qu'un ami n'est pas un maître ; Diderot, plus jeune que lui, prétendait le gouverner comme un enfant ; Diderot ne cessait de lui fixer des rendez-vous et de les manquer ; Diderot disait dans la préface de son *Fils naturel* que le méchant vit seul, et cette sentence visait évidemment Jean-Jacques. Mme d'Epinay apaisa la querelle ; la mère Le Vasseur consentit à rester avec sa fille ; Diderot vint passer un jour à l'Ermitage ; mais l'amitié des deux philosophes avait reçu le coup mortel.

Une passion tardive, extraordinaire, la dernière et la plus violente de sa vie, acheva d'égarer Jean-Jacques. Au milieu des tristes réflexions où le plongeaient la tyrannie de ses amis et les tracasseries des gouverneuses, il se sentait dévoré du besoin d'aimer ; il vieillissait et voulait, avant de mourir, goûter encore les joies de la passion, savourer, effleurer du moins l'enivrante volupté dont il avait soif. Il vit Mme d'Houdetot, cousine et belle-sœur de Mme d'Epinay, et lui donna son cœur. Elle passait pour laide ; elle avait le visage marqué de petite vérole, le teint sans finesse, le front très bas, le nez gros, la vue faible, les yeux un peu ronds ; on dit même qu'elle louchait. Mais, avec tout cela, un charme de jeunesse rayonnait en elle. Ses grands cheveux noirs, naturellement bouclés, lui tombaient jusqu'au jarret. Sa physionomie était vive et sa taille mignonne. Elle mettait dans tous ses mouvements une gaucherie ravissante. Gaie, naïve, pleine de saillies agréables qu'elle ne cherchait pas, trouvant parfois de ces mots justes qui résument une conversation, musicienne, dansant avec grâce, faisant de jolis vers qu'elle refusait de publier, incapable de déguiser sa pensée, ne disant pas, même en confidence, le moindre mal des absents, elle avait l'âme douce et angélique, le cœur fermé à la haine, le caractère sûr et loyal : imprudente toutefois, inconsidérée et trop confiante, elle commettait fréquemment les plus singulières distractions et les étourderies les plus comiques ; mais ses légèretés n'offensaient personne et ne nuisaient qu'à elle.

Mariée toute jeune et malgré elle au comte d'Houdetot, elle avait avec le marquis de Saint-Lambert une de ces liaisons que le monde d'alors respectait lorsqu'elles étaient un « attachement », et non une « fantaisie ». Son ivresse de joie lorsque partait M. d'Houdetot, et sa douleur, son désespoir, lorsque s'éloignait Saint-Lambert, éclataient si ingénument ! « Ne condamnez point, écrivait-elle, une passion à laquelle nous avons su joindre tant d'honnêteté. »

Saint-Lambert était à l'armée. Il connaissait Rousseau et avait prié Mme d'Houdetot de lui rendre visite. Un soir, Jean-Jacques vit entrer la comtesse. Elle avait dû descendre de son carrosse, qui s'était embourbé dans la fange du vallon, et faire à pied le reste du trajet. Sa chaussure fut bientôt percée. Elle mit des bottes, et ravie de son accoutrement romanesque, heureuse d'oublier sa dignité, poussant de grands éclats de rire, arriva brusquement à l'Ermitage.

Elle revint une deuxième fois, à cheval, en habit d'homme. Rousseau, fasciné, éprouva près d'elle un frémissement qu'il n'avait encore eu près d'aucune autre femme. Elle s'épancha, conta sa vie, et, sans qu'elle s'en aperçût, inspira pour elle-même à Jean-Jacques les sentiments qu'elle exprimait pour Saint-Lambert.

Rousseau s'accusait de démence. Pouvait-on à son âge, où il faut n'être fou qu'en dedans, brûler de la passion la plus extravagante pour une femme dont le cœur était plein d'un autre amour? Avait-il quelque espoir de séduire la comtesse par sa galanterie, par son air, par sa parure? Ne devait-il pas être plutôt son mentor? Pourtant, à la troisième visite, après être resté muet et tremblant, sans ouvrir la bouche ni lever les yeux, il osa confesser son trouble. Puis, dans les autres entrevues, surmontant sa timidité, il fit la leçon à Mme d'Houdetot, s'efforça d'alarmer sa conscience, et, en lui rappelant son mari, de supplanter son amant. Il s'établit chez la dame, à Eaubonne, s'installa des jours entiers dans la maison, y soupa, y coucha. Il fit à la comtesse une cour assidue, la serra de près, l'entraînant à des promenades et à de longs tête-à-tête, usant et abusant de cette intimité pour accabler, quatre mois durant, celle qu'il nommait sa Sophie, de déclarations et de lettres.

Bien des femmes l'auraient découragé dès le
début. Mais la comtesse était bonne, compatissante,
et, sûre de ne pas succomber, elle jouait volontiers
avec le feu. D'ailleurs, brisant avec Rousseau et, par
suite, obligée de tout dire à Saint-Lambert, elle pro-
voquait entre les deux amis une rupture qui ferait
grand éclat. Elle se laissa donc adorer par le philosophe et ne le repoussa pas ; elle le rappela doucement à la raison, le plaignit, le cajola, tâcha de le
guérir sans brusquerie ; elle lui parla du marquis et
de l'aimable société qui se formerait entre eux trois.
Mais elle ne fit qu'attiser l'embrasement allumé dans
l'âme de Jean-Jacques. Vainement elle l'assurait
qu'elle ne pouvait le payer de retour. Il se piquait
de constance et s'obstinait contre tout espoir. Il se
reprochait de trahir Saint-Lambert ; il se jurait de
respecter Sophie et de ne pas l'avilir ; il lui promettait de ne pas même profiter d'un instant de faiblesse.
Mais cet instant, il le guettait avec une fébrile impatience, et tout en s'engageant à ne jamais convoiter
ni corrompre celle qu'il idolâtrait, il n'attendait que
le moment de consommer le crime. Dès qu'il était
aux côtés de Sophie, peu lui importait d'être mépri-
sable, infidèle et traître : il voulait être heureux.
Plusieurs fois, à Eaubonne, au fond d'un taillis,
dans le bosquet de la cascade, sur un banc de
gazon, sous un acacia chargé de fleurs, il trouva,
pour rendre son délire, le langage le plus sédui-
sant ; il pleura sur les genoux de Sophie, et
Sophie, pleurant avec lui, avoua qu'il était l'amant

le plus tendre du monde et que jamais homme
n'avait aimé comme lui ; mais, ajoutait-elle toujours,
votre ami Saint-Lambert nous écoute. On a même
dit qu'un soir où Rousseau se montrait plus pressant que de coutume, Mme d'Houdetot, induite en
tentation, ne fut sauvée que par le juron inattendu
d'un charretier qui suivait le mur du jardin ; elle
éclata de rire, et Jean-Jacques, frémissant de colère, n'obtint qu'un baiser. Mais l'affection qu'elle
avait vouée à Saint-Lambert la protégeait suffisam-
ment ; elle s'amusait de Rousseau et ne le craignait
pas.

Cette furieuse passion, pleine d'agitations, de
palpitations, de convulsions, de défaillances du
cœur, épuisait Rousseau. Il avait, dit-il, le tempérament à la fois le plus timide et le plus combus-
tible, et il raconte qu'il n'arrivait aux rendez-vous
de la comtesse que dans l'état le plus déplorable, le
sang enflammé, la tête troublée, les genoux trem-
blants, toute la machine ébranlée.

Bientôt cette liaison ne fut plus un mystère pour
ses entours. Thérèse, jalouse, le voyant maussade,
l'entendant pleurer et parler seul la nuit, avait sonné
l'alarme. On glosa sur les amours de Jean-Jacques
et on en fit des gorges chaudes. Holbach vint exprès
à la Chevrette jouir du spectacle et lâcher cent
propos goguenards. Voilà donc l'ermite, le sauvage,
le sévère citoyen, l'homme qui proclamait avec tant
de fracas ses principes austères ! Une lettre anonyme
instruisit Saint-Lambert, et Mme d'Houdetot avertit

Rousseau qu'il ferait bien de rompre entièrement ou d'être tel qu'il devait être.

Jean-Jacques se crut trahi par Mme d'Épinay. Sur-le-champ, sans preuve aucune, il éclata, et il mandait à la châtelaine de la Chevrette qu'il saurait faire repentir les calomniateurs, qu'il n'avait plus en elle aucune confiance et ne lui pardonnerait jamais, qu'il avait peut-être de grands torts, mais qu'il les expierait en révélant avec franchise à Mme d'Épinay ce que le monde pensait d'elle et « les brèches qu'elle avait à réparer à sa réputation ». A ces injures que lui-même qualifie d'atroces, Mme d'Épinay répondit avec indulgence. Tout d'abord, effrayée, surprise, n'entendant pas ce qu'il voulait dire, aussi malheureuse que lui, elle l'avait conjuré de se calmer et de ne pas faire un monstre d'une mouche. Lorsqu'elle le comprit, elle protesta contre l'infamie dont il l'accusait, et toujours clémente, elle l'assura de son pardon : il viendrait quand il voudrait, il serait bien reçu, mieux reçu que ne l'exigeaient de pareils soupçons; « dispensez-vous seulement de vous mettre en peine de ma réputation, ma conduite est bonne, et cela me suffit ». Rousseau devait des excuses à Mme d'Épinay; il les fit à genoux et en pleurant; il obtint sa grâce, promit de ne plus offenser son amie, et la querelle fut oubliée.

Restait Saint-Lambert qui revenait de l'armée (juillet 1757). Il punit Jean-Jacques avec malice en le traitant comme un rival sans conséquence. Après deux entrevues glaciales, à la Chevrette, sous les yeux de Mme d'Épinay, il vint un jour, avec Mme d'Houdetot, dîner chez Rousseau, et durant le repas, en présence de l'amphitryon désespéré, les deux amants firent parade de leur bonheur. Au dessert, Jean-Jacques lut sa lettre à Voltaire; Saint-Lambert s'endormit et ronfla.

Et pourtant, le trait enfoncé dans le cœur de Rousseau n'était pas arraché. Sa passion insensée éclatait à tous les regards. Mais Sophie avait juré de n'être plus imprudente; elle accueillit son soupirant avec froideur et lui redemanda ses lettres. Jean-Jacques tomba malade. Il supplia Saint-Lambert de l'admettre en tiers dans son intimité : à eux trois, ils feraient une compagnie charmante qui se suffirait à elle-même, et Saint-Lambert lui répondit qu'il serait toujours son ami. Sophie fut moins accommodante; elle savait que Rousseau ne pourrait se vaincre et, non sans effroi, retrouvait en lui l'adorateur de naguère, fougueux encore, se plaignant de ses rigueurs, tâchant d'outrepasser les droits de l'amitié. Le 25 octobre, à la veille de rentrer à Paris, elle lui donna rendez-vous dans la vallée d'Eaubonne et en partant, l'embrassa devant ses gens. « Ce baiser, dit Rousseau, si différent de ceux que je lui avais dérobés sous les feuillages, me fut garant que j'avais repris l'empire sur moi-même. » Mais il ne devait plus revoir Mme d'Houdetot qu'une seule fois, en public, comme étrangère et non comme amie.

En même temps se consommait sa rupture avec Mme d'Epinay, Grimm et Diderot. Mme d'Epinay

lui avait prodigué les témoignages de l'amitié la plus
tendre et la plus généreuse. Mais il n'acceptait les
bienfaits qu'en rechignant ; il n'aimait pas à se sentir
obligé, et confessait qu'il avait le cœur ingrat par
cela seul que la reconnaissance est un devoir ; surtout il ne pardonnait pas à Mme d'Epinay d'être la
maîtresse de Grimm et il souffrait impatiemment
qu'un autre eût la préséance au château de la Chevrette.

Il avait été l'inséparable de Grimm ; mais Grimm
avait percé l'orgueil de Jean-Jacques. Il savait ses
faiblesses, ses inconséquences, et ne voyait en lui
qu'un maniaque ou un fou. « C'est un homme, disait-
il, dont il faut toujours parler aux autres, même en
sa présence, et sans être dupe de son humeur. » Il
blâma Mme d'Epinay d'avoir accueilli Rousseau à
l'Ermitage : « Son séjour, écrivait-il, nous causera
tôt ou tard du chagrin ; la solitude achèvera de
noircir son imagination ; il verra tous ses amis
injustes, ingrats, et vous toute la première si vous
refusez une seule fois d'être à ses ordres ». Et quand
il connut la lettre insultante de Jean-Jacques : « Il
fallait lui ordonner de venir, lui faire sentir l'in-
dignité de sa conduite, et le mettre à la porte ; c'est
alors qu'il aurait pu tomber à genoux et obtenir son
pardon ». Aussi, lorsqu'au mois de septembre 1757,
il revint d'Allemagne et reprit possession de la
Chevrette et de Mme d'Epinay, il traita Rousseau
sans la moindre condescendance : quand on biaise
avec les fous, assurait-il, ils sont dangereux.

Jean-Jacques se plaignit, voulut rompre. Mme d'E-
pinay le radoucit ; il fit les premières avances et se
raccommoda avec Grimm. Mais elle-même se désaf-
fectionnait et se détachait de l'Ermite ; elle n'avait
plus pour lui que de la pitié ; elle le nommait « un
nain moral monté sur des échasses », et lorsqu'il
lui offrit son portrait, elle dit sèchement : « Il faut
voir si vous méritez que je l'accepte ».

Elle avait résolu d'aller à Genève pour consulter
Tronchin sur sa santé délabrée. Un jour, négligem-
ment, elle proposa à Rousseau de partir avec elle.
Jean-Jacques répondit qu'il serait plaisant qu'un
malade fît cortège à un autre malade, et l'affaire en
serait restée là sans l'intervention de Mme d'Houdetot qui désirait éloigner son indiscret adorateur,
et sans une lettre maladroite de Diderot. Rousseau,
mandait Diderot, accompagnerait Mme d'Epinay à
Genève pour la distraire, la piloter dans un pays où
elle tomberait des nues, lui témoigner la reconnaissance qu'il lui devait ; au besoin, s'il ne pouvait supporter la voiture, il prendrait le bâton et il irait à
pied ; « *content*, il faut partir avec elle, *mécontent*, il
faut partir beaucoup plus vite. Êtes-vous surchargé
du poids des obligations que vous lui avez ? Voilà
une occasion de vous acquitter en partie et de vous
soulager ». Rousseau lit la lettre et tressaille de
colère. Son imagination prend feu. Manifestement
une *ligue* se forme contre lui ! On lui prescrit sa
conduite ! On veut l'entraîner à Genève, le promener, l'étaler dans sa propre patrie comme le sui-

vant, le valet d'une fermière générale! Et qui sait! Mme d'Epinay est sans doute enceinte; il le tient de Thérèse, qui le tient du maître d'hôtel, qui le tient de la femme de chambre; elle va donc cacher sa grossesse à Genève, et Grimm se dispensera du voyage, se gaussera de Rousseau qui sert de chaperon à sa maîtresse! Dans son aveugle emportement, il montre à Mme d'Epinay la lettre de Diderot. La châtelaine l'arrête. « *Mécontent*? pourquoi seriez-vous mécontent? — Vous savez, balbutie Jean-Jacques, que je vous soupçonnais de m'avoir dénoncé à Saint-Lambert. — Mais vous m'avez accusée auprès de Diderot? — Je l'avoue. — Et depuis, vous n'avez pas dit à Diderot que j'étais innocente? — Je n'en ai pas trouvé l'occasion », et s'agenouillant, il implore sa grâce et promet de dissuader Diderot. « Sortez, répond Mme d'Epinay, et que je ne vous revoie pas! »

Rousseau ne pouvait rester à l'Ermitage; mais il désirait y prolonger son séjour et donner au congé qu'il avait reçu contre son gré, l'air d'un départ libre et spontané. Il écrivit à Grimm une longue lettre qu'il croyait habile. S'il devait quelque chose à Mme d'Epinay, disait-il, elle lui devait tout autant, puisqu'au lieu de se retirer dans son pays, il avait passé près d'elle deux ans d'esclavage. Il l'aurait volontiers accompagnée à Genève, comme l'exigeaient ses amis avec « cette basse partialité toujours prête à prononcer en faveur du riche ». Mais en quoi l'eût-il servie? Soutiendrait-il la chaise de poste? Pourrait-il la suivre à pied? N'était-il pas un être à part qu'on ne devait pas juger sur les règles des autres? D'ailleurs il délogerait au printemps pour éviter tout éclat. Grimm répondit qu'il ne reverrait Rousseau de sa vie.

Jean-Jacques avait écrit en même temps à Mme d'Epinay qu'il voulait et devait quitter l'Ermitage, mais que ses amis lui conseillaient de ne partir qu'au printemps. Mme d'Epinay répliqua simplement : « Puisque vous vouliez quitter l'Ermitage et que vous le deviez, je suis étonnée que vos amis vous aient retenu; pour moi, je ne consulte point les miens sur mes devoirs, et je n'ai rien à vous dire sur les vôtres. » (1er décembre 1757.)

Il fallait s'en aller. Rousseau profita de l'occasion pour renvoyer à Paris la mère Le Vasseur, et s'établit à Montmorency, dans une petite maison que lui offrit M. Mathas, procureur fiscal du prince de Condé. Ce fut là qu'au mois de février 1758, en trois semaines, il composa la *Lettre à d'Alembert*. Dans un article de l'*Encyclopédie*, d'Alembert conseillait aux magistrats de Genève de permettre les spectacles. Jean-Jacques condamna le théâtre comme un danger public et rompit pour toujours avec les encyclopédistes; « je n'entends pas, disait-il dans sa *Lettre*, qu'on puisse être vertueux sans religion ». Il répudia Diderot, son plus ancien ami et le seul qui lui demeurait encore : il l'accusait d'avoir révélé à Saint-Lambert son amour pour Mme d'Houdetot, et afin d'empêcher tout replâtrage, il écrivit dans la préface de la *Lettre* qu'il ne voulait plus de son Aristarque, et en note il citait un passage de l'*Ecclésiastique* : « Pour la révélation du secret et la blessure faite en trahison, l'ami s'éloignera sans retour ». Diderot courait alors un grand danger ; le ministère avait suspendu l'*Encyclopédie*. Tout Paris blâma Rousseau. Mais la *Lettre sur les spectacles* eut un plein succès : « Vous ne donnerez jamais quatre lignes, mandait Mme de Créqui à l'auteur, qui ne fassent sensation ».

Ses ouvrages faisaient en effet une telle sensation que son humeur inégale n'éloigna pas les sympathies et les amitiés. Rousseau eut ses fidèles, ses *dévotes*, et quelques années après sa mort, Mme de Staël regrettait de n'avoir pu le consoler et le rattacher à la vie. Mme de Verdelin mérite une mention parmi ces âmes sensibles qui se dévouèrent à Jean-Jacques ; elle supporta tout, rebuffades, injures, avec une patience touchante, et il avoue qu'elle lui prodigua ses soins sans jamais se relâcher ni s'attiédir.

Mais les plus singulières jouissances d'amour-propre lui furent données par M. et Mme de Luxembourg. « Il nous remplaçait, dit Grimm, par des gens du premier rang. » Le maréchal duc de Luxembourg possédait le château de Montmorency et y passait tous les ans quelques semaines. Cet homme bon et affable vint au printemps de 1759 voir Rousseau, en voisin, et s'assit sans orgueil dans la chambre unique du philosophe, sur un plancher pourri, parmi les assiettes sales et les pots cassés.

4

Rousseau lui rendit sa visite et devint son familier.
Les flatteries délicates de la duchesse achevèrent de
subjuguer l'âme du fier républicain. Elle l'embrassait, le comblait d'attentions, l'appelait « le plus
aimable des hommes et le plus aimé »; elle faisait à
Thérèse de petits présents, et devant tout le monde
lui prodiguait les marques de bienveillance. Gagné
par tant de douceurs et de caresses, Jean-Jacques
consentit à loger dans un pavillon du château, et il
trouva ce séjour délicieux; il y travaillait comme en
plein bois, entre deux pièces d'eau, dans un air
embaumé par les orangers et au milieu du ramage
d'oiseaux de toute espèce. En retour, il lut à ses
hôtes l'*Héloïse* et l'*Emile*. Il se mettait obstinément
avec le duc et pair sur le pied d'égalité; il voulait
être chez soi et se livrer sans contrainte à son esprit
romanesque. M. et Mme de Luxembourg acceptèrent
ses conditions et lui laissèrent son entière liberté;
il vécut chez eux selon son humeur, allant et venant
à sa fantaisie, fuyant les personnes qui lui déplai-
saient. Et pourtant, son affection restait ombra-
geuse; il se plaignait de la distance qui le séparait
de ses nobles amis; il leur déclarait qu'il haïssait
leur rang et leurs titres; il leur disait qu'ils se faisaient un jeu de son attachement et lui préparaient
des regrets; il craignait à chaque instant de les
blesser et d'encourir leur disgrâce par des gauche-
ries et des bévues; il apercevait chez Mme de
Luxembourg des signes de refroidissement. Les
douleurs physiques se joignirent à ces inquiétudes

morales. Faut-il croire qu'il n'eut pas un seul jour
de bonne santé durant les quatre années qu'il passa
à Montmorency? Il parle souvent de sondes et de
bougies; il raconte que le frère Côme lui fit alors
une cruelle opération et l'avertit que son mal était
incurable, sans être mortel; mais les chirurgiens qui
procédèrent à son autopsie ne trouvèrent aucune
trace de sa maladie et ne constatèrent que deux her-
nies inguinales, d'ailleurs petites et nullement dangereuses.

Le merveilleux succès de la *Nouvelle Héloïse*
adoucit ses souffrances. M. de Malesherbes, direc-
teur de la librairie, avait lu les épreuves feuille à
feuille en ami et non en censeur. Paris ne parlait
que d'*Héloïse*. On s'arrachait les volumes, qui se
louaient dans les premiers jours à douze sous l'heure.
On pleurait en les lisant « jusqu'à se rendre malade,
à se rendre laide ». La comtesse de Blot déclarait
qu'une femme sensible ne pourrait rien refuser à
Rousseau. Une grande dame avait ouvert le livre
avant d'aller au bal; on l'informe à minuit que sa
voiture l'attend; elle lit et ne répond pas; on l'avertit
qu'il est deux heures, et, sans cesser de lire, elle
dit que rien ne presse; à quatre heures, elle juge
qu'il est trop tard pour sortir, se fait déshabiller et
continue sa lecture. Mme de la Tour Franqueville
adora comme un dieu l'auteur d'*Héloïse*; quinze années
durant, si brutal qu'il fût, elle écrivit à Rousseau, et,
sans l'avoir vu plus de deux ou trois fois, ne se lassa
pas de le consoler et de le défendre avec passion.

Après *Héloïse*, le *Contrat social* et l'*Emile*. Ces trois grandes œuvres de Jean-Jacques ont paru coup sur coup pendant son séjour à Montmorency : *Héloïse* au carnaval de 1761, le *Contrat* et *Emile* au printemps de 1762, à plusieurs semaines d'intervalle, et ces trois livres, composés à la même époque, diffèrent par le style comme par le genre : Rousseau a pu dans le même temps avoir trois manières.

L'*Emile* allait bouleverser sa vie. Mme de Luxembourg et M. de Malesherbes, croyant qu'il ne donnerait aucune prise et voulant qu'il fût d'un bon revenu, le vendirent aux libraires parisiens Guérin et Duchesne, sous réserve que l'impression de l'ouvrage serait tolérée en France et que le titre porterait le nom d'un libraire hollandais. Les épreuves tardèrent ; Rousseau y faisait tant de changements et d'additions ! Mais lui, inquiet, saisi d'une noire tristesse, mettant le mal au pis, s'enfonçant dans les idées sinistres et n'en pouvant sortir, s'imagina que l'*Emile*, qui n'était qu' « accroché », allait être supprimé, que Guérin avait livré le manuscrit aux jésuites, que ses ennemis n'attendaient que sa mort pour tronquer et falsifier le texte. Ses lettres ne respiraient que soupçons et terreurs. Il voyait se former un « mystère d'iniquité » ; durant deux mois, il vécut dans des transes et des accès de délire. Enfin, l'ouvrage parut. Rousseau, naguère plein d'angoisses, s'était tranquillisé et passait de la plus folle défiance à la plus profonde sécurité. Vainement ses amis ne lui disaient qu'en cachette le bien qu'ils pensaient de l'*Emile*. Il se croyait en règle. Puisqu'il avait pour plastrons Malesherbes et Mme de Luxembourg, pouvait-on venir jusqu'à lui? Mais le 9 juin 1762, le Parlement condamnait l'*Emile* à être brûlé par la main du bourreau et décrétait Rousseau de prise de corps : le livre ramenait tout à la religion naturelle et contenait des impiétés et d'indécents détails.

La veille au soir, le prince de Conti envoyait la nouvelle à Montmorency. Mme de Luxembourg fait réveiller son hôte au milieu de la nuit et le conjure de partir. Jean-Jacques s'éloigne vers quatre heures de l'après-midi. A quelque distance, il rencontre dans un carrosse de remise quatre hommes en noir qui le saluent et lui sourient : c'étaient les huissiers qui venaient l'appréhender. Il traverse Paris; on le reconnaît et lui fait des signes d'amitié. Il traverse la France pour atteindre la frontière; on ne l'arrête nulle part. Tel était l'esprit du xviii° siècle. Malesherbes, chargé d'enlever les papiers de Diderot, les transportait la veille dans son logis. Rousseau, décrété de prise de corps, voyageait publiquement comme si la sentence n'existait pas. Le Parlement le condamnait, mais le laissait échapper, et il le condamnait parce qu'il allait frapper les jésuites et voulait fermer la bouche aux dévots. Jean-Jacques avait compris cette tactique. Il s'effrayait néanmoins, redoutait le sort de Calas, craignait, s'il était pris, de subir la torture et de monter sur le bûcher; au sortir de Dijon, après avoir signé son nom d'une main défaillante, il s'imagina que la maréchaussée se mettait à ses trousses.

Rousseau se rendait en Suisse. Il arriva le 15 juin chez son vieil ami, son « cher papa », Daniel Roguin, à Yverdun, en pays vaudois, chez Messieurs de Berne. On croyait partout qu'il irait à Genève ; mais il haïssait trop Voltaire pour être son voisin.

La lutte s'était engagée dès 1755 entre les deux écrivains à l'occasion du tremblement de terre qui détruisit Lisbonne. Voltaire accusait la Providence et raillait l'optimisme ; Rousseau le réfuta : « Rassasié de gloire, vous vivez au sein de l'abondance, et vous ne trouvez que mal sur la terre ; moi, obscur, pauvre, je trouve que tout est bien. » Vint la *Lettre sur les spectacles* : « C'est à moi qu'il en veut, dit Voltaire, il ne peut souffrir que je lui dérobe les moments où Genève pense à moi ». Vint la lettre du 17 juin 1760 où Rousseau exhalait derechef son envie : « C'est vous qui me rendez le séjour de mon pays insupportable ; c'est vous qui me ferez mourir en terre étrangère, privé de toutes les consolations des mourants et jeté, pour tout honneur, dans une voirie, tandis que tous les honneurs qu'un homme peut attendre, vous accompagneront dans mon pays ; je vous hais, puisque vous l'avez voulu. » Voltaire fut outré ; il nomma Rousseau fou et archifou, coquin, fanatique, débitant d'orviétan, bâtard de Diogène, bâtard du chien de Diogène et de la chienne d'Erostrate. Vainement son influence finit par prévaloir à Genève. Tout accord était impossible entre

Jean-Jacques et lui. Jean-Jacques faisait bande à part; c'était un transfuge, un faux frère, un Judas qui refusait d'« écraser l'infâme » et de « pulvériser les prêtres de Baal »; il niait la civilisation; il déclarait la guerre à tout ce que Voltaire aimait; il violait les règles de l'art d'écrire. Badin et railleur, Voltaire ne peut goûter le génie amer, grave et mélancolique de Rousseau. Élégant, limpide, classique, il regarde ce Genevois comme un barbare; à ses yeux, l'*Héloïse* est une monstrueuse rapsodie; *Émile*, un roman fade et plat; le *Contrat social* ou *insocial*, un recueil de grossières insultes contre les rois; rien ne lui semble plus entortillé que le style de Jean-Jacques. Enfin, il jalouse ce « garçon horloger » qui lui dispute les cœurs; il essaye de le détrôner dans la faveur du public, et pour le surpasser en hardiesse, il écrit le *Sermon des Cinquante*.

Aussi Jean-Jacques voyait-il partout la main de Voltaire. Le Petit Conseil de Genève avait, le 19 juin, fait brûler le *Contrat social* et l'*Émile* et décrété l'auteur : Rousseau accusa Voltaire et son compère, le conseiller Tronchin, le « poète » et le « jongleur », d'avoir mis en jeu les marionnettes genevoises. Le Conseil de Berne ordonna que le fugitif sortirait des terres de la république : Rousseau fut persuadé que Voltaire avait soulevé contre lui les pasteurs vaudois.

Quoi qu'il en soit, Genève et Berne lui interdisaient le feu et l'eau. Et lorsqu'il avait foulé le sol suisse, il était descendu de voiture pour baiser avec transport, au grand ébahissement du postillon, cette terre de justice et de liberté! Il se hâta de passer la montagne qui sépare Yverdun du Val de Travers et s'établit à Môtiers, dans le comté de Neuchâtel; il était là chez le roi de Prusse, qui n'avait garde de le repousser.

Le gouverneur du comté était George Keith, maréchal héréditaire d'Écosse ou, comme on l'appelait, Milord Maréchal. Il avait le corps maigre et décharné par les ans, mais le visage noble et franc, l'œil perçant et fin. Original, mêlant à ses actes un air de caprice, aidant les gens de son or et de son crédit hors de propos et lorsqu'ils y pensaient le moins, c'était un bourru bienfaisant. Rousseau s'attacha sincèrement à Milord Maréchal qu'il nommait son père et qu'il allait voir un jour sur quinze au château de Colombier.

Il passa trois ans et deux mois à Môtiers. Une nièce de Roguin, très obligeante et gracieuse, Mme Boy de la Tour, lui louait, à raison de trente livres par an, une grande maison toute meublée. Thérèse l'avait rejoint. Les habitants étaient bons; Rousseau babillait avec eux sur le seuil de la porte tout en faisant des lacets qu'il donnait, comme présent de noces, à de jeunes amies, sous condition qu'elles allaiteraient leurs enfants. Il avait pris le costume arménien, bonnet fourré, dolman, cafetan, ceinture, et dans cet équipage singulier mais commode il battait les environs. Parfois au clair de lune, sur les bords de la Reuss, il chantait des romances qu'écoutaient les filles du village. D'autres fois, avec le sceptique d'Escherny, le loyal Pury, le bon d'Ivernois, le dévoué Du Peyrou, il errait au milieu des bois, d'herbe en herbe et de plante en plante. Ou bien il allait seul dans la montagne, à travers les fourrés, découvrait des réduits sauvages, rêvait sur des oreillers de mousse, se croyait dans un refuge ignoré de l'univers, et soudain entendait à quelques pas le bruit des hommes, apercevait dans une combe le métier d'un artisan.

Mais pouvait-il changer son caractère? Il trouva bientôt que les gens du lieu prenaient des airs de protecteurs et de juges; il se plaignit de leur « langue empoisonnée » et de leurs mots à double entente; il regarda Môtiers comme « le séjour le plus vil ». Enfin, pouvait-il échapper à sa gloire? Le décret du 19 juin avait jeté l'émoi dans Genève. On blâmait la résolution du Petit Conseil. On affirmait que l'auteur d'*Émile* était chrétien-protestant.

Jean-Jacques fit un coup de maître. Il réclama du pasteur de Môtiers, Montmollin, la faveur d'approcher de la sainte Cène et déclara qu'il était fermement résolu de vivre et de mourir dans la religion réformée. Montmollin l'admit à la communion, après avoir obtenu l'assentiment des pasteurs de Neuchâtel. Les orthodoxes objectèrent que Rousseau aurait dû rétracter formellement les principes d'incrédulité qu'il avait proclamés dans l'*Émile*. Montmollin répondit qu'il se chargeait de convertir son paroissien, qui promettait de ne plus écrire.

Mais Jean-Jacques n'avait pas posé la plume; encore voulait-il réfuter ses ennemis. L'archevêque de Paris, Christophe de Beaumont, avait publié un mandement contre l'*Émile*; il entreprit de le foudroyer et glissa dans sa *Lettre* ou réplique les explications que demandaient ses amis de Genève : il restait inviolablement attaché au culte de ses pères et prenait, comme eux, l'Écriture et la raison pour les uniques règles de sa croyance. Il comptait que cette attaque d'un calviniste contre un prélat catholique lui ramènerait les Genevois, et que le Petit Conseil révoquerait son décret. Mais les bourgeois ne bougèrent pas et le Conseil ordonna de saisir les exemplaires de la *Lettre* qui seraient imprimés à Genève. Rousseau perdit patience et renonça publiquement à sa patrie; le 12 mai 1763, il abdiquait à perpétuité son droit de bourgeoisie. Cette déclaration agita la ville. Trois fois les partisans de Rousseau demandèrent le rappel de leur concitoyen. Trois fois le Petit Conseil répondit négativement, et deux partis se formèrent : les *négatifs*, attachés au Petit Conseil, et les *représentants*, ou ceux qui faisaient des représentations.

Jean-Jacques avait d'abord calmé ses amis : il fallait, suivant lui, faire plus tôt les *représentations* ou ne pas les faire du tout. Mais une brochure habile du conseiller Tronchin, les *Lettres écrites de la campagne*, avait ému les esprits. Rousseau était le seul qui pût entrer en lice contre Tronchin et le terrasser. Il publia les *Lettres écrites de la Montagne*.

Elles étaient terribles et mirent le feu aux quatre
coins de Genève. Rousseau s'élevait contre l'arrêt
qui l'avait frappé. N'avait-il pas vécu selon la Réfor-
mation du saint Évangile, professé sa religion chez
les catholiques, affirmé dans ses livres son protes-
tantisme? Il se moquait de l'infaillibilité de Calvin,
et montrait que le clergé protestant avait altéré les
principes de la Réforme par son esprit pointilleux,
par sa rage de chicane et d'intolérance, par l'incer-
titude de son orthodoxie et l'amphigouri de ses
déclarations. Il attaquait le Petit Conseil, l'accusait
de despotisme, lui reprochait d'ordonner et d'exécuter tout ensemble, de ne rendre compte de sa
conduite à personne. Il exhortait ses concitoyens à
« vaincre une aristocratie insolente et tyrannique ».

Un nouvel orage se déchaîna sur Rousseau. La
Vénérable Classe des pasteurs de Neuchâtel protesta
contre l'édition générale des œuvres de Jean-Jacques
que préparait le libraire Fauche, et l'entreprise fut
arrêtée court. Elle dénonça les *Lettres de la Montagne* au Conseil d'État. Elle enjoignit à Montmollin
de citer Rousseau devant le consistoire de Môtiers
et d'obtenir l'excommunication. Rousseau voulait
comparaître et débiter un discours qu'il avait appris
par cœur; le jour venu, il ne savait plus un traître
mot de sa philippique; il envoya un billet où il
disait « ne devoir qu'à Dieu seul le compte de sa
foi ».

Le consistoire était formé de six paysans ou
anciens. Montmollin fit voter le diacre du Val de

Travers et s'attribua deux voix, l'une comme pasteur et l'autre comme président. Mais quatre *anciens* refusèrent de se prononcer et soumirent le cas au Conseil d'État. Ce Conseil, où siégeait Pury, exempta Rousseau de la juridiction du consistoire et approuva la réimpression des *Lettres de la Montagne*. Jean-Jacques l'emportait. Malheureusement Milord Maréchal, qui détestait les chamailleries, avait quitté Neuchâtel. Les esprits étaient surexcités. Une guerre de brochures fomentait l'animosité. Voltaire, que Jean-Jacques dénonçait comme l'auteur du *Sermon des Cinquante*, lançait sous l'anonyme un libelle, le *Sentiment des citoyens*, qui dévoilait les tares de son rival. Rousseau, lisait-on dans cet odieux factum, portait encore les marques de ses débauches; il avait exposé les enfants de Thérèse; il avait fait mourir la mère Le Vasseur; et un pareil homme voulait renverser à la fois la constitution genevoise et le christianisme! Il devait être puni capitalement comme un vil séditieux.

Rousseau fut insulté par les gens de Môtiers. Après un sermon où Montmollin l'avait invectivé, on jeta des cailloux contre ses fenêtres; on le menaça de coups de fusil; dans la nuit du 6 au 7 septembre 1765, des pierres tombaient dru comme grêle sur sa galerie, et l'une d'elles, cassant la vitre de la cuisine, arrivait jusqu'à la porte de sa chambre. Il quitta Môtiers sur-le-champ.

L'île Saint-Pierre, au milieu du lac de Bienne, fut son refuge. Il y passa six semaines dans un bonheur si complet qu'il désirait y être confiné jusqu'à son dernier jour. Il goûtait toutes les délices de la vie nonchalante et oisive : tantôt il se huchait sur un arbre pour cueillir des fruits ; tantôt il se couchait au fond d'une barque et durant des heures se laissait aller à la merci de l'eau ; tantôt il courait dans les prés et s'étendait par terre auprès d'une plante qu'il examinait et disséquait à loisir ; tantôt assis au bord du lac et bercé par le bruit et le mouvement continu des vagues qui se brisaient à ses pieds, il se livrait à de douces rêveries.

Le Sénat de Berne lui enjoignit de quitter ce charmant séjour. Jean-Jacques, désespéré, pria ces Messieurs de lui donner dans leurs États une prison perpétuelle. On ne l'écouta pas. Il gagna l'Alsace par Bienne et Bâle.

Strasbourg le retint plus d'un mois. Il y fut, suivant un de ses mots favoris, « bien voulu » de tout le monde. C'était à qui le fêterait. On le combla de dîners et de visites. Il eut sa place marquée au théâtre, et les acteurs chantèrent ses morceaux, jouèrent ses pièces.

Mais il fallut repartir. Hume lui proposait une maisonnette en Angleterre. Rousseau accepta les offres de l'historien. En décembre 1765 il arrivait à Paris. Il avait obtenu, non sans peine, un passeport pour traverser la France. Par prudence, le prince de Conti le logea dans l'enceinte du Temple. Jean-Jacques y reçut de nombreuses visites ; de son lever à son coucher, sa chambre ne désemplissait pas.

Au mois de mars 1766 il s'établit à Wootton, dans le comté de Derby. Il témoignait à Hume la plus vive affection, et, de son côté, Hume assurait que personne n'était plus aimable que Rousseau. Mais un pamphlet de Voltaire, la *Lettre à Pansophe*, vint rassombrir Jean-Jacques, et dès la fin de mars il accusait le « meilleur des hommes » de s'être « transformé dans le plus noir » : Hume était un fourbe, un traître qui l'attirait en Angleterre pour le livrer à la risée des journaux; il connaissait le fils de Tronchin et avait logé dans la même maison; il avait crié en rêve *je tiens Jean-Jacques Rousseau*; il avait prêté son cachet pour sceller une lettre de Rousseau et suivi le domestique qui la portait; il avait regardé Rousseau avec des yeux effrayants, et lorsque Rousseau se jetait dans ses bras et invoquait sa loyauté, il avait reparti froidement, en frappant à son ami de petits coups dans le dos : *Quoi donc, mon cher monsieur?* Il avait répandu la lettre du roi de Prusse que Walpole avait fabriquée et que Rousseau attribuait à d'Alembert; or d'Alembert et son prête-nom Walpole n'étaient-ils pas les intimes de Hume? Jean-Jacques rompit avec celui qu'il nommait naguère son protecteur et son patron. Il repoussa la pension que Hume lui avait obtenue du ministre et du roi. L'Anglais qui ne recevait pour prix de ses services qu'outrages et « soufflets », finit par sortir des gonds. Mme de Boufflers lui conseillait de ne pas accabler un malheureux atrabilaire. Il aima mieux se venger et fit paraître un

Exposé de la querelle. Le public donna tort aux deux philosophes ; mais si l'on disait que Hume s'était mis en colère une fois dans sa vie, on considérait Jean-Jacques comme un fou, et Voltaire écrivait que les Anglais auraient dû l'enfermer à Bedlam.

Au milieu de ses luttes avec Hume, Rousseau, toujours épris de botanique, parcourait le voisinage de Wootton et tantôt seul, tantôt avec la jeune duchesse de Portland, analysait les mousses et les fougères. Mais, aigri par Thérèse qui n'avait personne à qui parler, il s'enfuit secrètement de Wootton (1ᵉʳ mai 1767). Il fit alors mille extravagances : il remerciait son hôte Davenport par une lettre de reproches, puis lui mandait qu'il retournait à Wootton ; il s'imaginait qu'on voulait le retenir en Angleterre et qu'à la prochaine guerre, les Français, débarquant dans l'île, le tireraient de captivité ; il suppliait le chancelier et le secrétaire d'État de le laisser partir, et promettait de se taire sur Hume, de ne pas écrire ses *Confessions* ; à Douvres, il monta sur une butte et harangua la foule.

Après avoir passé quinze jours à Fleury-sous-Meudon, où le marquis de Mirabeau, l'ami des hommes, s'était empressé de recevoir l'ami de l'égalité, Jean-Jacques se cacha durant un an, sous le nom de Renou, dans un château du prince de Conti, à Trye, près de Gisors. Mais il enveloppait le genre humain dans ses défiances et se disait environné d'embûches et de piéges. A l'entendre, les gens du château n'épargnent rien pour le rendre haïssable ; ils l'empêchent d'herboriser et barricadent toutes les issues ; ils ameutent la populace. Un domestique meurt ; la valetaille, s'écrie Rousseau, me soupçonne de l'avoir empoisonné, et il exige l'autopsie. En juin 1768, il décampait.

Il gagna le Midi ; mais qu'il fût à Lyon, à Grenoble ou à Chambéry, il demeurait le même, rongé de soucis, possédé du délire de la persécution, convaincu que la malveillance ne le quittait pas. Enfin, le 14 août, il s'arrête à Bourgoin, en Dauphiné ; il appelle Thérèse, et quinze jours plus tard, devant deux témoins, il se déclare à jamais l'époux de Mlle Le Vasseur. L'air et l'eau marécageuse de l'endroit menacèrent sa santé ; il alla une demi-lieue plus loin, à Monquin, et y resta huit mois, botanisant, faisant nicher des hirondelles dans sa chambre, s'entretenant avec le vieux et loyal Saint-Germain, achevant ses *Confessions*. Mais il s'avisa qu'on l'empêchait d'écrire, qu'on lui dérobait toute encre lisible et ne lui laissait qu'une eau incolore ; il se procura de l'encre de Chine et crut avoir triomphé de ses ennemis.

A la fin de juin 1770, il revint à Paris. Il y passa huit ans au quatrième étage de la rue Plâtrière, qui porte aujourd'hui son nom. Là, dans une pièce qui servait à la fois de cuisine, de salon et de chambre à coucher, Jean-Jacques, vêtu d'une robe d'indienne et coiffé d'un bonnet de coton, écrivait,

jouait de l'épinette, écumait le pot. Deux petits lits,
garnis de cotonnade bleue, des chaises, une table,
une commode, une armoire qui renfermait des livres
et des cahiers de musique, formaient le mobilier.
Aux murs tendus de blanc et de bleu, des portraits
de Jean-Jacques, des gravures, un plan de la forêt
de Montmorency ; au plafond, une cage où gazouil-
lait un serin ; aux fenêtres, des fleurs. Il avait repris
son métier de copiste à dix sous la page. Il consa-
crait la matinée au travail, et après son repas faisait
au café sa partie d'échecs. Parfois il se rendait
au spectacle ou à la campagne. Durant tout un printemps il alla chaque jour, à deux lieues de Paris,
écouter, au bord de l'eau et dans le bois, le chant du
rossignol. Il avait quitté son costume arménien et on
ne le voyait plus qu'en perruque ronde et en habit
et culotte de drap gris. On s'étonnait de le trouver
si liant et tout à fait humanisé ; il a, disait-on, déposé
sa peau d'ours. Bernardin de Saint-Pierre et Corancez
rapportent qu'il ne médisait pas de ses ennemis, et
vantent sa douceur, sa bienveillance, sa simplicité.

Pourtant il n'avait pas repris son assiette. Il croyait
rompre à Paris même la trame ourdie contre lui, et
dans l'hiver de 1770-1771 il lut ses *Confessions* à
des auditeurs de choix, chez la comtesse d'Egmont,
chez Dusaulx, chez Dorat. Mais Mme d'Épinay se
plaignit et le lieutenant de police interdit de nouvelles lectures. Les assistants gardèrent le silence.
Les littérateurs ne notèrent que les passages où
Rousseau s'accusait. Il se reprocha d'avoir profané

cette œuvre « unique » et plus que jamais s'envisagea comme la victime d'un grand complot. Les gens en place et en crédit, les philosophes, tous ceux qui gouvernaient l'État ou dirigeaient l'opinion, lui semblaient, par un accord universel et nullement fortuit, conspirer contre lui. Choiseul était à la tête de la conjuration; de toutes ses entreprises, celle qu'il avait le plus à cœur et qui lui coûtait le plus de temps et de soin, c'était la persécution de Rousseau; dès qu'il avait su que Jean-Jacques préparait un projet de constitution pour la Corse, il s'était emparé de l'île pour le dépouiller de sa gloire législative; s'il avait employé aux affaires publiques la moitié de l'argent et des talents qu'il dépensait à satisfaire sa haine contre Rousseau, il eût été l'un des meilleurs ministres de la France.

L'infortuné perdait la tramontane. A certains instants il entrait en convulsion et, l'air hagard, les yeux fixes, le bras passé sur le dos de sa chaise, il tenait les propos les plus bizarres. Il affirmait qu'on jouait son *Pygmalion* pour le rendre ridicule, et son *Devin* pour lui faire une réputation de plagiaire. Un soir, il fut renversé par un chien; on le crut mort et l'on ouvrit une souscription pour l'impression de ses manuscrits; il prétendit que ses ennemis voulaient publier sous son nom un recueil d'œuvres déshonorantes qu'ils avaient fabriquées exprès.

Les *Dialogues* qu'il intitule *Rousseau juge de Jean-Jacques* jettent une curieuse lumière sur sa situation d'âme en 1775. Il met en scène deux personnages :

un Français et Rousseau. Le Français regarde Jean-
Jacques comme un monstre ; Rousseau défend Jean-
Jacques. Cet écrit est plein de longueurs et de
redites ; à chaque instant reviennent les soupçons,
reviennent les cauteleuses pratiques, les menées
sourdes, les marches obliques, les mines souter-
raines, la *ligue* où tout le monde est successivement
entré, l'œuvre d'imposture à laquelle concourt le
public entier. Jean-Jacques ressemble à Lazarille de
Tormes ; attaché au fond d'une cuve, couronné de
roseaux et d'algues, la tête seule hors de l'eau, le
héros est promené de ville en ville comme un monstre
marin ; mais le peuple sait-il que Lazarille est un
homme qu'on empêche de parler et qu'une corde
secrètement tirée le force, au moindre cri, de faire
le plongeon ? De même, on ôte la voix à Jean-
Jacques, on le livre pieds et poings liés à la merci
de ses ennemis. Il est enlacé, surveillé, chargé de
chaînes invisibles, enterré vif parmi les vivants. Il
ne dit pas un mot, il ne meut pas un doigt que « nos
messieurs » ne le sachent. On l'avoisine de gens
dûment endoctrinés. On ouvre ses lettres. Les livres
qu'il désire disparaissent. Les bateliers, les décrot-
teurs lui refusent leurs services. Des hommes de
mauvaise mine, des *mouches*, sont sans cesse à ses
trousses. Qu'on lui témoigne des attentions, et il les
juge dérisoires, pareilles aux respects que le peuple
de Barataria prodiguait à Sancho. Qu'on le recon-
naisse, qu'on l'examine, qu'on chuchote, et il lui
semble que ces badauds sont des bandits, joyeux de

tenir leur proie et d'insulter au malheur. Qu'il entre au théâtre et soit pressé par la foule, il s'imagine que ceux qui l'entourent sont autant d'argousins et d'archers. Qu'il prenne place au parterre, il croit voir un sergent à ses côtés. Partout on l'a montré, signalé, recommandé; il n'est plus qu'un pestiféré. Lorsqu'il eut terminé les *Dialogues*, il voulut les déposer sur le grand autel de Notre-Dame et les confier à la Providence; il trouva les grilles de l'église fermées, et saisi de vertige, il courut tout le jour par les rues, et ne rentra que le soir, hébété de douleur, rendu de fatigue. Pour assurer la publicité de l'ouvrage, il écrivit un billet, le copia plusieurs fois et l'offrit sur les promenades aux inconnus dont la figure lui plaisait.

Cependant il finit par se résigner, et les *Rêveries du promeneur solitaire* témoignent d'un peu de quiétude. Il s'abandonne aux douceurs de la rêverie; il s'analyse et fixe ses principes de religion et de morale; il revient sur ses premières années, évoque l'image de Mme de Warens, se transporte dans cette île Saint-Pierre où il a si bien joui du *farniente*. Il conte ses courses de botanique ou retrace les heures agréables qu'il passe au logis, faisant de jolis herbiers, desséchant des plantes, étendant et déployant de petits rameaux, s'efforçant de conserver aux fleurs et aux feuilles couleur et figure, collant avec soin tous ces fragments sur des papiers qu'il orne de cadres rouges, formant ainsi des recueils de miniatures, et conversant avec les végétaux plutôt qu'avec les hommes.

Dans l'été de 1777 il eut des crises de nerfs et des vomissements de bile. Il fut repris du désir de la campagne. Son médecin, Le Bègue de Presle, et un ami de Le Bègue, le marquis de Girardin, l'emmenèrent le 20 mai 1778 à Ermenonville. Il s'installa dans un pavillon qui dépendait du château. Le 2 juillet, il mourait d'une apoplexie séreuse. Thérèse l'entendit soudain pousser des cris plaintifs : elle accourut et le trouva couché sur le carreau ; il revint à lui, puis retomba le visage contre terre ; Thérèse, un instant renversée sous son poids et couverte du sang qui coulait de son front, le releva, lui serra les mains, et ce fut ainsi qu'il expira, sans dire un seul mot.

Huit jours auparavant, par une belle soirée, au milieu du parc, dans l'île des Peupliers, Girardin lui donnait un concert, et Rousseau, tout ému, priait le marquis de l'ensevelir en cet endroit. Girardin exauça ce vœu. Le 4 juillet, il fit inhumer Jean-Jacques dans l'île des Peupliers qui se nomma l'Elysée et devint un lieu de pèlerinage. Le 27 août 1791, l'Assemblée Constituante décréta que les restes de Rousseau seraient transportés au Panthéon. La cérémonie s'accomplit le 20 vendémiaire an III, et Jean-Jacques fut mis à côté de Voltaire. En 1814, des forcenés profanèrent nuitamment les cercueils et jetèrent à la voirie les ossements des deux grands hommes. Mais qu'importe que la cendre de l'écrivain soit détruite ! Sa parole demeure, enflamme les âmes et vole sur les bouches.

CHAPITRE II

LES DISCOURS

Rousseau se piquait d'être botaniste et musicien, et ne fut qu'un amateur très distingué.

Il aborda le théâtre et composa des comédies. Mais *Narcisse* n'est qu'un fade marivaudage, et Jean-Jacques s'ennuya tellement à la première représentation qu'il ne put tenir jusqu'à la fin et alla faire au café Procope son « peccavi ». Les *Prisonniers de guerre*, en un acte et en prose, comme *Narcisse*, n'ont de remarquable qu'un éloge de la France. L'*Engagement téméraire*, en trois actes, est la meilleure comédie de Rousseau ; elle offre de la gaieté, de l'esprit, des vers frappés au bon coin, et peut-être fournit-elle à Beaumarchais la scène de la fausse lettre que Rosine laisse prendre à Bartholo ; mais, sans être aussi plate que l'a dit Rousseau, elle manque de mouvement, de vie.

Le *Devin du village*, pastorale dramatique, eut un

succès prodigieux, et l'on nomma Jean-Jacques un hibou de Minerve déniché par les Grâces : tout, airs et paroles, venait du même auteur; il y avait entre le texte et la musique une harmonie que le public appréciait pour la première fois; les vers n'étaient pas dénués de fraîcheur.

Faut-il parler de l'opéra des *Muses galantes*, de la *Découverte du Nouveau Monde* (1741) où Colomb assure qu'il trouve chez les sauvages plus de vertus qu'en Europe, d'*Iphis* et des fragments en prose, de *Lucrèce* et de *Pygmalion*? On notera dans *Iphis* l'imitation de Corneille : la princesse Anaxarète aime l'officier Iphis, mais épouse le prince Philoxis; comme l'infante du *Cid*, elle sacrifie son amour à sa gloire. Pareillement, *Lucrèce* rappelle la Pauline de *Polyeucte* et annonce Mme de Wolmar : elle aimait Sextus; mariée à Collatin, elle jure de rester fidèle à son devoir et de « suivre jusqu'au bout la cruelle vertu ». Quant à *Pygmalion*, trop loué par Gœthe, ce n'est qu'une scène lyrique; elle rend avec vivacité la passion du sculpteur pour sa statue et la surprise qu'il éprouve lorsqu'il voit Galatée s'animer et se mouvoir.

Les autres œuvres d'imagination, comme le conte de la *Reine fantasque* et le *Lévite d'Ephraïm*, ne se recommandent que par le nom de Rousseau; son *Lévite*, conçu dans la manière de Gessner, est diffus, parfois déclamatoire, dépourvu de relief et de vigueur, nullement dramatique.

Il faut venir aux véritables œuvres où Rousseau
développe son *grand principe* ou, comme il dit
encore, son grand système : la nature a fait l'homme
heureux et bon; la société le déprave et le rend
misérable. Sans cesse Jean-Jacques oppose l'homme
de la nature à l'homme de la société, l'homme simple
et sauvage des premiers temps à l'homme « factice
et fantastique », à l'*homme de l'homme*. Et, à vrai
dire, il exprime une idée de son époque. Buffon ne
remarquait-il pas que « la vertu appartient à l'homme
sauvage plus qu'à l'homme civilisé, et que le vice
n'a pris naissance que dans la société » ? L'*Arlequin
sauvage* de Delisle n'affirmait-il pas en 1721 que les
hommes civilisés sont des fous parce qu'ils cher-
chent une infinité de choses inutiles au lieu de jouir
simplement de la nature ?

Mais dans la thèse que Rousseau a constamment
soutenue, on doit faire deux parts : celle de la
déclamation et celle de la raison. Il aime mieux
frapper fort que frapper juste. Violemment, bruta-
lement, il heurte de front les idées reçues. Il veut
étonner le public par l'étrangeté de ses vues
comme il l'étonne par la singularité de son costume;
il compte, pour fasciner ses contemporains et s'em-
parer de l'attention universelle, sur l'éclat des para-
doxes; on ne saurait mieux attrouper les passants
de la rue qu'en tirant un coup de pistolet. Il pousse
donc tout à l'extrême. Il vante bruyamment les âges
primitifs d'innocence et d'égalité. Il dit haute-
ment et avec grand fracas que les sciences sont nui-

sibles, que les lettres et les arts ont dépravé les
hommes, que l'état de réflexion est un état contre
nature et l'imbécillité un bonheur, que le riverain
de l'Orénoque assure à ses enfants une partie de sa
félicité originelle en leur appliquant des ais sur les
tempes. Voilà pour la déclamation. Mais Rousseau
fait aussi leur part à la raison et au bon sens. Dans
ses lettres, dans ses réponses à ceux qui l'ont réfuté,
même dans des passages et comme dans les coins de
ses écrits, il atténue et corrige ce que sa thèse a
d'excessif, d'exagéré, d'inacceptable. Il ne désire pas
retourner avec les ours au fond des forêts, rétablir
le genre humain dans sa bêtise, rejeter le monde en
pleine barbarie. Il avoue que les hommes, tels qu'ils
sont aujourd'hui, ne peuvent rétrograder, remonter
vers un siècle d'or, et qu'ils doivent gauchir, tergi-
verser, s'efforcer avec beaucoup d'*art* de n'être pas
entièrement *artificiels*. Se résigner à l'état social
et par des palliatifs divers se rapprocher de l'état de
nature, voilà la pensée véritable de Rousseau.

Ce qu'il attaque en effet, ce n'est pas la civilisation en elle-même, c'est plutôt l'esprit de son
siècle, c'est l'*artificiel*, c'est le préjugé, la mode, les
raffinements de la politesse, les simagrées, les com-
pliments ampoulés, les caresses traîtresses, la mali-
gnité mielleuse, la morale du monde et ses menues
pratiques, les beaux discours remplaçant les belles
actions, la triste ironie et la satire méchante sup-
pléant à la bonne et franche gaieté, les vices dont
on ne rougit plus parce qu'on leur donne un nom

décent, le funeste ascendant des femmes, la pudeur tournée en dérision, l'adultère conforme à la bienséance, l'athéisme.

Ce qu'il défend et réhabilite, c'est la nature humaine que ses contemporains dégradent par vanité, c'est le cœur dont ils médisent, le sentiment dont ils méconnaissent la voix, la simplicité qu'ils traitent de grossièreté, la franchise qu'ils qualifient de brutalité, le charme d'une vie uniforme sans ambition ni faste, le bonheur du ménage bourgeois que ne subjugue pas l'opinion, les devoirs de la famille, l'attachement et la confiance mutuelle des époux, la croyance à Dieu.

Mais ces idées qui « se tiennent », Rousseau n'a pu les exposer toutes à la fois. Il les développe successivement. Dans les deux *Discours* et la *Lettre sur les spectacles* il s'élève contre les vices de l'état social. Puis, après avoir détruit, il édifie; il essaie, dans l'*Héloïse*, de réformer les mœurs domestiques, et dans l'*Emile*, de refondre l'éducation : ne faut-il pas, pour remédier aux maux, remonter à leur source? Enfin, dans le *Contrat social*, il tente de jeter les fondements du droit politique. Toujours et partout, avec la même véhémence d'un cœur échauffé par les mêmes sentiments, il soutient son grand principe : éloigner l'homme, autant que possible, de toutes les choses d'institution et le ramener à la nature.

C'est à ce point de vue qu'il faut considérer le *Discours* de 1750. Rousseau assure que la science a corrompu les âmes. La Grèce, d'abord héroïque, ne fut-elle pas énervée par les arts? Sparte l'ignorante ne vainquit-elle pas l'élégante Athènes? Rome ne devint-elle pas, après le siècle d'Auguste, lorsqu'elle cessa de pratiquer la vertu pour l'étudier, le théâtre du crime et le jouet de ces barbares Germains dont Tacite a peint l'innocence? Et dans une prosopopée fameuse, Jean-Jacques évoque la grande âme de Fabricius, sommant les Romains dégénérés de briser leurs tableaux, de briser leurs marbres et de chasser les rhéteurs. Mais ce qu'il fait dire à Fabricius, ne pourrait-il le mettre dans la bouche de Louis XII ou de Henri IV? La science n'est-elle pas née de nos vices, puisque l'astronomie doit son origine à la superstition, l'éloquence au mensonge, et la morale à l'orgueil? Ne nourrit-elle pas l'oisiveté, puisque savants, artistes, lettrés « dévorent en pure perte la substance de l'État »? Ne produit-elle pas le luxe et par suite la dissolution des mœurs, l'amollissement des courages, la ruine des qualités guerrières? Que de livres inutiles ou dangereux depuis l'invention des caractères typographiques! Que d'ouvrages où s'exhale la corruption! Les souverains ne devront-ils pas un jour bannir cet art terrible de l'imprimerie?

Voilà ce qui, dans le *Discours* de 1750, appartient à la rhétorique. Mais, dans sa réponse au roi Stanislas et dans la préface de *Narcisse*, Rousseau mitige sa thèse et la restreint : on ne doit pas, écrit-il, brûler les bibliothèques ni les universités;

on resterait vicieux et l'on deviendrait ignorant; les sciences sont nécessaires pour adoucir la férocité des hommes qu'elles ont corrompus; elles empêchent les vices qu'elles ont fait éclore, de se tourner en crimes; elles détruisent la vertu, mais elles en laissent le simulacre public qui est toujours une belle chose. Et dans le *Discours* même, ne dit-il pas que le mal n'est pas aussi grand qu'il aurait pu le devenir, que le contrepoison existe partout à côté du poison, que les académies gardent le dépôt des connaissances et qu'il y a des savants de premier ordre qui sont les précepteurs de l'humanité? Que quelques génies, conclut-il, se livrent à l'étude, et qu'ils élèvent des monuments à la gloire de l'esprit humain, tandis que les autres demeurent dans l'obscurité et ne pensent qu'à remplir leurs devoirs; « voilà la véritable philosophie, et sans envier ces hommes célèbres qui s'immortalisent dans la république des lettres, tâchons de mettre entre eux et nous cette distinction glorieuse qu'on remarquait jadis entre deux grands peuples : que l'un savait bien dire, et l'autre bien faire ».

C'est là, une fois le paradoxe écarté, ce qui reste de vrai dans le *Discours* de 1750. Le XVIIIe siècle n'agit pas comme il parle; s'il éclaire les esprits, il pervertit les âmes; on ne saurait avoir plus de lumières ni employer un langage plus honnête, mais on ne saurait avoir des mœurs plus corrompues; on ne demande pas d'un homme s'il a de la probité, mais s'il a des talents; d'un livre, s'il est utile, mais s'il est bien écrit ; sous le voile de l'urbanité, cette société raffinée cache les soupçons, la froideur, la trahison ; « ce n'est point la science que je maltraite, dit Rousseau dans le préambule du *Discours*, c'est la vertu que je défends ». Il se révolte déjà contre les philosophes qui « insultent par des blasphèmes le nom du maître de l'univers » et « avilissent ce qu'il y a de sacré ».

Tout l'homme se dessine dans ce *Discours* où les ressentiments du déclassé se joignent à l'ambition de l'écrivain et au désir de faire dans le monde une entrée retentissante. On avait raison d'y trouver de l'humeur et de l'envie. Rousseau épanche sa bile. Il se souvient et il souffre encore de la misérable situation qu'il eut pendant vingt années. Il se rappelle amèrement que lorsqu'il était secrétaire de Mme Dupin, il ne dînait pas à la table qui rassemblait les gens de lettres. Une société où il n'a pas sa place marquée est à ses yeux une société mal faite, et il ne lui pardonne pas le personnage subalterne qu'il y joua si longtemps. Il accuse les littérateurs de vanter leur mérite et de déprécier celui d'autrui, de calomnier habilement leurs ennemis, de vivre en parasites des grands seigneurs. Il blâme avec aigreur le goût de ses contemporains : une jeunesse frivole n'approuve que ce qui plaît aux femmes, ce « sexe pusillanime » ; on laisse tomber des chefs-d'œuvre de poésie dramatique et l'on rebute des prodiges d'harmonie ; l'artiste se voit obligé de rabaisser son génie au niveau de son siècle et de s'avilir par des productions puériles et communes; les Vanloo prostituent leur talent à orner de peintures lascives les panneaux d'un vis-à-vis, Pigalle ravale le ventre d'un magot, et combien Voltaire sacrifie de beautés mâles et fortes à la fausse délicatesse de l'époque!

On aime, écrivait Rousseau dans le *Discours* de 1750, « à se rappeler l'image de la simplicité des premiers temps; c'est un beau rivage, paré des seules mains de la nature, vers lequel on tourne incessamment les yeux, et dont on se sent éloigner à regret! » Cette idée de la bonté primitive de l'homme devait être mise en pleine lumière dans le *Discours sur l'inégalité*. L'homme, dit Rousseau, a commencé par l'état sauvage; robuste, infatigable, doué de sens très subtils, le mieux organisé des animaux, sûr de vaincre les fauves par son adresse et sa force, il ne connaissait pas toutes les inutilités qu'on croit maintenant nécessaires; livré au seul instinct, il n'avait d'autres désirs que ses besoins physiques et n'imaginait d'autres biens dans l'univers que la nourriture, une femelle et le repos, d'autres maux que la douleur et la faim; ni bon ni méchant, sans vices ni vertus, sans prévoyance ni curiosité, sans notion du tien et du mien, il ignorait la loi, irrévocable aujourd'hui, de la propriété et de l'inégalité. Lucrèce et Buffon nous montrent l'homme primitif, chétif, faible, misérable, se défendant avec peine contre la rigueur des saisons, disputant sa vie et sa proie aux bêtes féroces. Rousseau nous peint une brute heureuse, calme, innocente, se suffisant à elle-même, s'abandonnant au seul sentiment de l'heure présente, n'ayant ni mal à craindre ni bien à espérer de personne, sans aucune idée de l'avenir; l'existence est une idylle, et la terre fertile et couverte d'immenses forêts, une sorte d'Eden; nul excès de travail, nul excès d'oisiveté; nulle espèce de commerce avec autrui; pas de passions; une humeur farouche, mais nulle envie de nuire; une ardeur de bien-être tempérée par la pitié dont la douce voix se fait toujours entendre au sauvage; l'amour paisible, réduit à l'impulsion physique, sans choix, sans imagination ni jalousie, sans fureur ni violence; une indestructible santé; ni goutte, ni rhumatisme, ni indigestion, ni maladies d'estomac; pas de remèdes et moins encore de médecins; on se désaltère au ruisseau, on se rassasie et l'on dort sous un chêne; c'est à souhaiter, disait Voltaire, de marcher à quatre pattes. Mais l'homme n'a pas conservé cette manière de vivre simple et solitaire que prescrit la nature. Il avait reçu par malheur la faculté distinctive de la *perfectibilité*; à force de temps, il a réfléchi, médité, et... il s'est dépravé; avec les siècles sont venus les lumières, les erreurs, les vices. Il y avait dans les premiers âges une égalité parfaite; chacun était libre; pas de dépendance, pas de servitude. Peu à peu l'esprit s'éclaira; des huttes s'élevèrent; des familles se fondèrent. Le fer et le blé civilisèrent les hommes et les perdirent à la fois. On s'apprivoisait, on se rapprochait, on s'assemblait, on s'aimait, on se jalousait, on se méprisait, on se vengeait. L'idée de considération se formait. On voulait se montrer autrement que ce qu'on était. Les forts s'agrandissaient aux dépens des faibles, et pour garder le fruit de leurs rapines, ils établirent des lois et firent un droit de l'usurpation. Il y eut un contrat entre le peuple et les chefs qu'il se choisit. Diverses sortes de gouvernement furent créées; ici des magistrats électifs; là des magistrats héréditaires. Ainsi était née l'inégalité : premier terme, la loi et le droit de propriété; deuxième terme, la magistrature; troisième terme, le changement du pouvoir légitime en pouvoir arbitraire; — autrement dit : première époque, époque du riche et du pauvre; deuxième époque, époque du puissant et du faible; troisième époque, époque du maître et de l'esclave. Ces distinctions politiques entraînaient fatalement des distinctions civiles. L'inégalité devenait inévitable entre les particuliers qui différaient entre eux par la richesse, par le rang, par la puissance, par le mérite; mais toutes ces différences se ramènent finalement à la richesse. Ne voyons-nous pas encore une poignée d'hommes au faîte de la fortune et des grandeurs, tandis que la foule rampe dans la misère et l'obscurité? Le genre humain n'est-il pas désormais assujetti, pour le profit de quelques ambitieux, au travail et à la servitude? Mais pourquoi n'offre-t-il plus qu'un assemblage d'êtres artificiels et de passions factices? Parce qu'il s'est policé; parce qu'insensiblement il a passé de l'état naturel à l'état civil; parce que ses besoins et ses plaisirs ont changé d'objets;

parce qu'il ne respire plus le repos et la liberté;
parce qu'il vit hors de lui, et non plus en lui-même;
parce qu'il s'agite et se tourmente, réduit tout aux
apparences et se glorifie de ses vices; parce qu'en
devenant sociable, il est devenu esclave.

Tel est le *Discours sur l'inégalité*, ingénieux, spirituel, aussi remarquable par la solidité du style que
par l'effort puissant de l'imagination, plein de con-
jectures romanesques, d'assertions extraordinaires,
de contradictions flagrantes et d'insoutenables para-
doxes. Rousseau atténua plus tard ses idées absolues. Il reconnut qu'un état de nature où chacun
s'isolerait et ne songerait qu'à soi arrêterait tous les
progrès de la raison. Il déclara qu'il n'entendait pas
anéantir le tien et le mien, qu'il ne pouvait se nourrir
de glands, ni se passer de lois et de chefs, qu'il respectait le gouvernement sous lequel il vivait. Il protesta que l'homme dépend de ses semblables et con-
tracte une dette immense envers le genre humain.

Mais le coup était porté, et le *Discours* de Rousseau eut de terribles conséquences qu'on ne soup-
çonnait guère. C'est une œuvre révolutionnaire. Elle
a, comme dit l'auteur, le ton dur et l'air noir. On y
sent frémir la rancune et gronder la menace de
l'homme du peuple. Le *Discours* de 1750 était une
boutade, celui de 1755 est un cri de colère, un appel
aux représailles, et un critique du temps comparait
Jean-Jacques à Marius qui rentre dans Rome et se
souvient de Minturnes.

Rousseau trace un affreux tableau de la société :

qu'à travers les démonstrations de bienveillance on
pénètre au fond des cœurs : tous ces gens qui se
caressent ne pensent qu'à se détruire, et au milieu
de tant de philosophie, de politesse et de maximes
sublimes on n'aperçoit que de l'honneur sans vertu,
de la raison sans sagesse, et du plaisir sans bonheur.

Tout en reconnaissant le droit divin des rois,
pour sauver son audace, il déclare que l'insurrection
contre l'oppresseur est le plus sacré des devoirs. Du
sein des révolutions, dit-il, et sur les ruines de la
république surgit aisément le monstre hideux de la
tyrannie. Mais, ajoute Rousseau, puisqu'on touche
ici au dernier terme de l'inégalité; puisque tous les
particuliers, n'étant rien, redeviennent égaux; puisqu'il n'y a plus d'autre loi que la volonté, la passion
du maître; puisqu'en ce cas s'évanouissent les
notions du bien et les principes de la justice; puisque
le contrat du gouvernement est dissous, la *force*
demeure l'unique recours; la force élève le despote,
la force doit le renverser; les émeutes qui le détrô-
nent ou l'étranglent, sont sûrement des actes aussi
juridiques que ses décisions de la veille sur la vie
de ses sujets.

Enfin, il lance l'anathème à la propriété. « Le premier qui, ayant enclos un terrain, s'avisa de dire
ceci est à moi, et trouva des gens assez simples pour
le croire, fut le fondateur de la société civile. Que
de crimes et de guerres, que de misères et d'horreurs n'eût point épargnés au genre humain celui
qui, arrachant les pieux ou comblant le fossé, eût

erié à ses semblables : gardez-vous d'écouter cet imposteur; vous êtes perdus si vous oubliez que les fruits sont à tous et la terre à personne! » La propriété est donc une injustice : elle ne repose que sur un droit précaire, abusif, et ceux qui l'ont usurpée par la force n'auront pas raison de se plaindre si la force la leur enlève. Vous vous enrichissez par votre propre industrie; vous bâtissez un mur et conquérez un terrain par votre labeur. Qui vous a donné les alignements? Qui vous a imposé votre travail? N'y a-t-il pas une foule de vos frères qui périssent ou souffrent parce qu'ils n'ont pas et que vous possédez de trop! Et ne fallait-il pas un consentement exprès et unanime du genre humain pour vous approprier sur la substance commune tout ce qui allait au delà de la vôtre? Haine aux riches! Haine à ce petit nombre d'élus qui regorgent de superfluités, tandis que la multitude affamée manque du nécessaire! Telle est une des conclusions du *Discours*. Les riches n'ont songé qu'à subjuguer leur voisin, « semblables à ces loups qui ayant une fois goûté de la chair humaine, rebutent toute autre nourriture et ne veulent plus que dévorer des hommes ». Les riches ont fondé la société pour donner aux pauvres de nouvelles entraves, et le droit civil qu'ils ont fixé, contraire au droit naturel, n'était qu'une ruse savamment ourdie pour asservir leurs adversaires. Les riches font mourir les uns de leurs besoins, et les autres de leurs excès. Les riches n'estiment les choses dont ils jouissent qu'autant que les autres en sont privés, et ils cesseraient d'être heureux si le peuple cessait d'être misérable.

Rousseau a donc ouvert les voies au communisme. Son *Discours*, véhément et sombre, a jeté dans le monde la haine de la propriété et il attise encore la colère des sectes modernes contre l'inégalité des richesses. Dès 1790, l'abbé Fauchet déclare que Jean-Jacques a compris l'ordre éternel de la justice, qu'il faut mettre tous les droits en commun, que tous doivent avoir quelque chose sans qu'aucun n'ait rien de trop. Et que de révoltes ont déchaînées depuis les sophismes de Rousseau! Que de fois, au nom de ses principes, s'est élevé entre les hommes ce conflit qui, selon son expression, ne se termine que par des combats et des meurtres!

CHAPITRE III

Evincer Voltaire de Genève, se poser en champion
de sa ville natale, poursuivre contre la civilisation la
croisade qu'il avait commencée, développer une des
idées principales du *Discours* de 1750 et frapper la
société dans un de ses plaisirs les plus chers, tel fut
le but de Rousseau lorsqu'il écrivit la *Lettre sur les
spectacles*.

Dans les grandes villes, dit-il, où règnent les
beaux-arts, le luxe, la galanterie, la débauche, il
faut établir des théâtres ; on n'a pas à les craindre
puisque le peuple est déjà corrompu ; ils attirent
l'étranger et mettent les espèces en circulation ; ce
sont divertissements permis qui ôtent la tentation
d'en chercher de plus dangereux. Mais Genève est
une petite ville où chacun travaille et vit avec parci-
monie ; Genève a des plaisirs innocents qui convien-
nent aux mœurs républicaines, ses *cercles* et ses

coteries où les deux sexes ne se rassemblent pas; Genève garde son antique rudesse et l'on n'y connaît guère le vice et l'oisiveté. Un théâtre genevois serait donc une périlleuse innovation, et les habitants y perdraient leur temps, leur argent, leur vertu : plus de cercles; les deux sexes journellement mêlés, se parant de leur mieux, s'offrant en montre dans des loges comme sur le devant d'une boutique; les anciens usages méprisés; la vieille simplicité remplacée par le bel air de Paris; les courtauds imitant les marquis; les comédiens inspirant le goût de la dissipation et devenant les arbitres de l'État.

Mais Rousseau porte la question plus haut encore. Il condamne les spectacles en eux-mêmes, à Paris, comme à Genève, et si ses arguments ne sont pas nouveaux, il les marque de son empreinte et les expose avec une éloquence si brillante et si chaleureuse que certains de ses admirateurs regardent la *Lettre sur les spectacles* comme son œuvre la plus parfaite. D'Alembert avoue qu'aucun sermonnaire n'a combattu le théâtre avec autant de force et de subtilité.

Selon Rousseau, le théâtre est inutile; on croit s'y réunir, et c'est là que chacun s'isole, oubliant ses amis et ses proches pour s'intéresser à des fables; les Romains, disait un barbare à qui l'on vantait le cirque, n'ont-ils ni femmes ni enfants?

Le théâtre ne change pas les sentiments et les mœurs; il les suit et les embellit, puisque l'auteur qui désire le succès flatte le goût général et prend

pour thèse : à Londres la haine des Français, à Tunis
la piraterie, à Messine une vengeance savoureuse
et à Goa un autodafé de juifs. Sans doute, lorsque
Delisle fait jouer l'*Arlequin sauvage*, les spectateurs
ne veulent pas ressembler à son héros ; mais la pièce
favorise leur tour d'esprit qui est d'aimer les idées
neuves et singulières. Bref, loin de « purger »
les passions, le théâtre leur donne une énergie
nouvelle.

Rend-il la vertu aimable et le vice odieux ? Mais
la source de notre aversion pour le mal et de notre
amour du bien est en nous, non dans les pièces. Les
grands scélérats de la tragédie, les Catilina, les
Atrée, les Mahomet, ne sont-ils pas présentés sous
un aspect favorable ? N'excusons-nous point Phèdre
incestueuse, et cet Horace, cet Agamemnon, cet
Oreste qui poignardent, l'un sa sœur, l'autre sa
fille, et le troisième sa mère ? « On frissonne, s'écrie
Rousseau avec son exagération coutumière, à la seule
idée des horreurs dont on pare la scène française ;
les massacres des gladiateurs n'étaient pas si barbares ! » Mais la comédie n'est pas moins funeste.
Quelle école de mauvaises mœurs que le théâtre de
Molière ! L'Alceste du *Misanthrope* ne joue-t-il pas
un rôle ridicule, et Philinte, le sage de la pièce,
n'est-il pas de ceux qui soutiennent autour d'une
bonne table que le peuple n'a pas faim ? Régnard
n'a-t-il pas encouragé les filous ? D'ailleurs que font
nos comiques et nos tragiques, pour plaire au
public ? Ils fondent uniquement sur l'amour l'intérêt

de leur œuvre; ils disposent l'âme à de dangereuses impressions; ils amollissent le cœur; ils nous énervent, nous affaiblissent, nous rendent incapables de résister à la passion. Et quel exemple donnent les acteurs et les actrices, gens avares et prodigues, accablés de dettes et versant les écus à pleines mains, propres à toute sorte de personnages, ne cultivant que le talent de tromper les hommes, étalant toujours d'autres sentiments que les leurs, livrés au désordre, menant une vie scandaleuse!

Faut-il réfuter Rousseau? Faut-il reprocher à l'auteur du *Devin du village* de se contredire et de dénoncer le poison qu'il a lui-même composé? Faut-il lui rappeler qu'il conduira son disciple Emile aux spectacles, parce qu'il n'y a point d'endroit « où l'on apprenne si bien l'art de plaire aux hommes et d'intéresser le cœur »? Faut-il lui répondre que le théâtre est un délassement, un des plaisirs qui nous reposent le mieux de nos travaux et de nos ennuis, et — Jean-Jacques l'avoue — qu'il distrait le peuple de ses misères? Qu'il n'est pas une école de morale; mais — Jean-Jacques l'avoue — qu'il « maintient et perfectionne le goût » et que, s'il ne corrige personne, il corrige tout le monde, ne serait-ce qu'en incarnant le vice dans des types immortels comme celui de Tartufe? Que l'Alceste de Molière n'est pas ridicule et — Jean-Jacques l'avoue — qu'il ne laisse pas, malgré ses incartades, de nous inspirer un respect profond? Qu'il y a des comédiens qui sont d'honnêtes gens, et — Jean-Jacques l'avoue — que c'est une inconséquence d'honorer ceux qui font les pièces et d'avilir ceux qui les représentent?

Il vaut mieux insister sur les passages les plus attachants du livre. Rousseau a marqué franchement les défauts du théâtre français de son époque. Il accuse avec raison les tragiques contemporains de mettre sur la scène des êtres gigantesques, boursouflés, chimériques, et il prie ces sublimes auteurs de descendre un peu de leur continuelle élévation, de parler en phrases moins arrangées, de montrer parfois la simple humanité et de faire voir, non des héros, mais des hommes. Il se moque spirituellement de ceux qui désirent épurer la comédie : leurs pièces instruisent beaucoup, mais elles ennuient davantage ; autant aller au sermon ! Diderot fut touché au vif : « Rousseau, écrit-il, dit du mal du comique larmoyant parce que c'est mon genre ».

Mais Rousseau pensait moins à blesser Diderot qu'à proclamer ce qui lui semblait vrai. Saint-Preux fera la même satire du théâtre. Il jugera que le Français veut sur la scène de l'esprit et non du naturel; que Corneille et Racine, avec tout leur génie, ne sont que des « parleurs » qui composent de beaux dialogues bien agencés et bien ronflants; que les personnages de la tragédie ne visent qu'à briller et ne s'expriment qu'en maximes générales : qu'une sentence leur coûte moins qu'un sentiment. Il sera plus sévère encore pour la comédie : elle ne quitte plus, dit-il, son *ennuyeuse dignité*, elle ne représente que des comtes, des chevaliers en habit doré.

Jean-Jacques ne se borne pas à demander que
l'art soit plus libre, qu'il ait plus d'action et de
vérité, qu'il étende le champ de son observation,
qu'il daigne s'occuper du bourgeois et de l'artisan.
Il cherche la cause de cette décadence du théâtre
et la trouve dans l'ascendant des femmes, dans la
gynécocratie : les femmes règnent partout ; sur la
scène, elles apprennent tout aux hommes et les
écrasent de leurs propres talents ; dans le monde,
celle qu'on estime le plus est celle qui a le verbe le
plus haut, qui donne le ton, prononce, tranche sans
rien savoir. Et ici reparaît le Rousseau qui fait avec
une rare noblesse la leçon à son siècle. Pas de
bonnes mœurs pour les femmes hors d'une existence
retirée et recueillie ; elles doivent vaquer aux soins
du ménage, et il n'y a point de spectacle plus touchant que celui d'une mère entourée de ses enfants,
réglant les travaux de ses domestiques, gouvernant
avec sagesse la maison qui sans elle serait un corps
sans âme. Voyez les Anglaises : elles goûtent les
vrais plaisirs, elles errent aussi volontiers dans
leurs parcs qu'elles se promènent à Vauxhall, elles
songent moins à paraître heureuses qu'à l'être, elles
honorent la loi conjugale et ne s'honorent pas de la
violer, leur amour décide de leur vie. A l'exemple
des Anglaises, la femme restera digne et modeste :
« Rechercher les regards des hommes, c'est déjà
s'en laisser corrompre ». Les philosophes vont crier
que la pudeur est un préjugé, que les désirs des
deux sexes sont égaux, que les démonstrations ne

peuvent être différentes. Mais Rousseau rappelle la volonté de la nature : dans les grandes villes, les dames du meilleur air ont les mœurs des vivandières et se piquent de faire rougir un honnête homme ; ailleurs les femmes sont timides, un mot les rend confuses, elles n'osent lever les yeux. Et Saint-Preux dira de même dans l'*Héloïse* qu'en France les femmes font tout, qu'elles ont l'Olympe et le Parnasse sous leurs lois, qu'elles statuent sur la valeur d'un livre comme sur le renom d'un auteur. Il blâmera l'immodestie de ces Parisiennes qui ressemblent à des filles de joie par la hardiesse de leur abord, par leur maintien soldatesque, par leur ton grenadier, par leur façon intrépide de fixer les gens.

Ces violentes sorties ne nuisaient pas au succès de l'ouvrage. Rousseau n'eut guère d'ennemis parmi les femmes. L'affection se laissait voir sous l'invective. Déclamer contre elles et les traiter sévèrement, était-ce une marque d'indifférence ? Pour les si bien châtier, il fallait les aimer. Et quelle haute idée Jean-Jacques se fait de l'amour, de ce terrible amour, tantôt éloquent et enflammé, tantôt muet et plus énergique encore dans son silence, aussi téméraire que timide, manifestant à la fois le désir et la crainte par ses inexprimables regards ! Quel fier dédain il ressent pour le jargon de la galanterie et la gentillesse prétentieuse des boudoirs, pour les fadeurs et fadaises de ces petits freluquets et de ces froids mirliflores qui ne savent pas ce que c'est que la passion ! Quels sarcasmes il lance à ces

« agréables » qui ne sont pas des amants, à ces hommes du monde qui, plus femmes que la femme, lui forment une sorte de sérail, lui rendent tous les hommages hors celui du cœur, la flattent sans l'aimer, la servent sans l'honorer et la méprisent en lui obéissant !

C'est ainsi que Rousseau mêle à sa dissertation des peintures soit vigoureuses, soit aimables. Quel art, quel enchantement dans le tableau de la pudeur, de ses détours, de ses réserves, de sa naïve finesse, de son *doux nenni* ! Jean-Jacques ne manque jamais l'occasion de faire une digression piquante. S'il parle des amusements de Sparte, il feint qu'un mauvais plaisant lui propose d'introduire à Genève les danses des Lacédémoniennes ; et voilà un couplet sur la chaste nudité des anciens et la parure déshonnête des modernes ; voilà une tirade charmante sur l'imagination qui prête de l'attrait aux objets, irrite les désirs et enflamme ces regards qui percent à travers le vêtement le plus modeste.

La *Lettre sur les spectacles* se termine par une description des fêtes républicaines : les unes données en hiver, dans des salles où les jeunes gens se rencontrent sous les yeux des parents, les autres célébrées en plein air, à la clarté du soleil : luttes, joutes de bateaux, repas en commun, spectacles improvisés comme celui des Genevoises venant interrompre par leurs rires et leurs caresses la danse de leurs maris qui forment après souper sur la place Saint-Gervais une joyeuse farandole au bruit des tambours et à la lueur des flambeaux. Ces fêtes figurent dans le programme d'éducation tracé par Rabaut-Saint-Étienne. La Convention les établit même dans son enceinte; elle aussi, dit un journal de l'époque révolutionnaire, voulait parler cette langue des signes que Jean-Jacques avait conseillée.

CHAPITRE IV

LA « NOUVELLE HÉLOÏSE »

Le sujet de la *Nouvelle Héloïse* est simple. De même qu'Abélard a séduit Héloïse, Saint-Preux séduit Julie d'Etange, son écolière. Julie ne peut épouser un roturier, et sur l'ordre de son père elle donne sa main à M. de Wolmar. Désespéré, Saint-Preux parcourt le monde. Mais Wolmar le rappelle et lui offre sa maison et son amitié. Les deux amants se revoient et, bien que tentés, ils ne succombent pas. Julie meurt victime de son dévouement maternel, et recommande à Saint-Preux ses enfants et son mari. Deux personnages interviennent dans l'action : Milord Edouard, chevaleresque, un peu rude et âpre, cachant une extrême sensibilité sous un maintien grave et un air stoïque ; Claire ou Mme d'Orbe, cousine de Julie et son amie intime.

Ce fut au printemps de 1756, au milieu des enchantements de la vallée de Montmorency, que Rous-

seau commença l'*Héloïse*. Plein de tendres souvenirs qui se réveillaient dans son cœur, il évoquait
les images des femmes qu'il avait aimées autrefois,
et se voyait « entouré d'un sérail de houris ». Ainsi
naquirent Julie et Claire, l'une blonde, douce et
faible, l'autre brune, vive et sage. Ce sont les deux
demoiselles de Galley et de Graffenried qu'il avait
accompagnées le 29 juin 1730 dans la course de
Thônes : Mlle de Galley, mignonne, délicate, charmante, dont il eût fait volontiers sa maîtresse ;
Mlle de Graffenried, moins belle, plus piquante et
plus hardie, qu'il eût préférée comme confidente.
L'union de ces demoiselles, dit Rousseau, devait
longtemps durer « si quelque amant ne venait pas
la déranger ». L'amant qu'il imagine ne dérange
pas l'union de Julie et de Claire ; Julie est sa maîtresse, et Claire son amie, sans qu'il y ait entre
elles jalousie et rivalité. Naturellement Saint-Preux
a les traits de Rousseau ; Suisse et Vaudois, il
admire ses montagnes et son Léman ; il éprouve
auprès de Julie les mêmes langueurs que Jean-Jacques auprès des Savoisiennes ; il sort honteux de la
maison où il s'est enivré, comme Rousseau sortit
certain soir de la rue des Moineaux.

Le plan de l'œuvre était encore vague lorsque
Rousseau, s'identifiant avec Saint-Preux, résolut de
peindre sous la figure de Julie et de Claire l'amour
et l'amitié, ces « deux idoles de son cœur ». De
même que Saint-Preux, il donnait le change à ses
transports en les décrivant. Ce furent d'abord des

lettres éparses, sans liaison ni suite, et qui, cousues tant bien que mal, composèrent les deux premières parties du roman. Elles respirent l'exaltation où Jean-Jacques était alors, et abondent en peintures enflammées. Mais il fallait faire un ouvrage en règle. Dans l'automne de 1757, à force de rêver, Rousseau conçut le plan de son livre : Julie, fille, s'était laissé vaincre à l'amour; femme, elle saurait le vaincre à son tour; elle serait dévote et elle épouserait un athée qui serait vertueux comme elle. Il jugeait l'idée admirable : il prêcherait la morale et la tolérance; il inspirerait l'honnêteté conjugale, et réconcilierait chrétiens et philosophes en montrant aux deux partis qu'ils avaient chacun leurs mérites. L'*Héloïse* allait donc devenir une œuvre de froide édification, lorsqu'éclata l'amour de Rousseau pour Mme d'Houdetot. Il soulagea son âme dans le reste du roman, et acheva d'y répandre ses ardeurs et ses ravissements érotiques. Il revêtit Julie de toutes les perfections qu'il prêtait à Sophie. Il fit de Wolmar un Saint-Lambert, plus débonnaire et plus arrangeant que dans la réalité. Il établit entre Julie, Wolmar et Saint-Preux la société chimérique et charmante qu'il rêvait de former avec ses deux amis. Il assurait à Mme d'Houdetot que son affection pour Saint-Lambert serait désormais une de ses vertus; Saint-Preux honore Wolmar et s'efforce de mériter son estime. Il combattait encore sa passion pour Sophie et se défiait de son propre cœur; Saint-Preux confesse qu'il n'est pas le maître du passé et ne peut

éteindre entièrement son amour. A l'entrevue du
25 octobre, dans la vallée d'Eaubonne, il quittait
Mme d'Houdetot qui l'embrassait devant ses gens :
Saint-Preux et Julie échangent tristement un baiser
dans le bosquet de Clarens sous les yeux de Wolmar. Et Rousseau n'a-t-il pas, à Eaubonne, comme
Saint-Preux à Meillerie, exhalé sa mélancolie ? N'a-
t-il pas dit à Sophie que ces lieux étaient pleins
d'elle ; qu'elle devait sentir à leur aspect quelque
trouble secret ; que lui-même, en les revoyant, éprouvait combien la présence des objets ranime les violentes émotions qui nous agitèrent auprès d'eux ?

Mais les souvenirs de Mme de Warens sont ceux
qui prédominent. Rousseau place l'action à Vevey,
à Clarens, dans ce pays de Vaud, où était née sa
« pauvre maman ». La baronnie d'Étange, formée
de champs, de prés, de bois, est la seigneurie de
Warens. Le domaine de Clarens est le vignoble de
Chailly, dot de Louise de la Tour. Claire d'Orbe et
Julie d'Étange, Vaudoises comme Mme de Warens,
ont, l'une sa gaieté, sa voix fraîche, son rire
argentin, l'autre son charme et ses faiblesses. « Ah !
disait Roguin après avoir lu l'*Héloïse*, que Mme de
Warens est un excellent maître ! » Comme M. de
Warens, M. de Wolmar est un ancien officier, et,
comme lui, il a servi dans le Nord et combattu la
Russie. Les personnages portent les noms des
familles vaudoises que Mme de Warens connaissait
intimement, et l'un d'eux s'appelle Claude Anet.
Lorsque Rousseau raconte la cueillette du raisin et

le teillage du chanvre, il retrace les tableaux que lui
présentaient les fermes de la Savoie, et les scènes
que Mme de Warens n'avait pas manqué de lui
décrire. Le gentilhomme qui tire les grives dans les
vignes, n'est-ce pas Conzié des Charmettes? Saint-
Preux voyant remiser sa chaise chez Mme de Wolmar, n'est-ce pas Rousseau voyant porter son
petit paquet dans la chambre que Mme de Warens
lui destine?

Ces réminiscences ont fait le succès de l'*Héloïse*.
On crut que les héros avaient réellement existé,
que Rousseau écrivait sa propre histoire. Mme de
Polignac désirait voir le portrait de Julie. « Ce n'est
pas ainsi, disait Duclos, qu'on imagine », et Roguin
s'écriait : « On ne saurait parler si pertinemment de
l'amour sans l'éprouver! »

Les personnages sont, en effet, des personnages
à la Rousseau, des natures d'exception, des âmes
extraordinaires, privilégiées, qu'on ne doit pas
juger sur les règles communes.

Le plus invraisemblable est Wolmar. Bien qu'à
demi trompé, il n'a rien de ridicule, de paterne, et
il reste sérieux et noble jusqu'à la fin. Mais peut-on
pousser aussi loin la confiance? Peut-on croire que
« ses jeunes gens », brûlant plus que jamais l'un
pour l'autre, n'auront entre eux qu'un honnête attachement? Pauvre Wolmar qui suppose que Saint-
Preux ne voit plus dans Julie que l'épouse d'un
ami! Claire a-t-elle tort de prétendre que ces sages
contemplatifs, si versés dans l'étude du cœur

humain, en savent moins sur l'amour que la femme
la plus bornée?

Saint-Preux est le type de ces héros faibles que
les femmes aiment à cause de leur faiblesse même.
Julie le mène et dispose de son sort; elle est la plus
jeune; mais, « si la raison s'éteint plutôt chez les
femmes, elle est plus tôt formée, comme un frêle
tournesol croît et meurt avant un chêne ». Saint-
Preux abdique entre ses mains; nul amant n'a plus
d'obéissance, de docilité, de discrétion; il immole
ses désirs aux volontés suprêmes de sa maîtresse.
Elle lui commande de s'éloigner, et il s'éloigne. Elle
pourvoit même à ses besoins et lui donne de l'argent.
Aussi, malgré la fierté qu'il affecte, a-t-il quelque
chose de bas et de servile; comme Rousseau, cet
indépendant dépend toujours de quelqu'un; tantôt il
se met à la remorque de Milord Edouard, tantôt il
vit chez les Wolmar, et de mauvaises langues le
traitent d'aventurier. Mais c'était dans la littérature
un personnage nouveau que celui de cet amant
timide et craintif qui se laisse conduire et défère en
esclave aux ordres de la femme aimée. Il précède les
sombres héros qui promènent leur air fatal dans les
romans de notre siècle : il souffre et se plaint de
voir sa jeunesse s'user dans les larmes et se flétrir
dans la douleur; il fait le tour du globe et partout il
gémit d'être homme.

Claire d'Orbe, éveillée, gaie, rieuse, un peu étourdie
et légèrement coquette, a néanmoins un grand fonds
de raison. Elle n'est qu'un comparse dans la pre-

mière partie du roman; mais, dans la seconde, elle joue un rôle plus actif, plus attachant. Veuve et mariable encore, elle convolerait sans répugnance, et la passion de sa cousine exerce sur elle une force contagieuse. Elle ne peut revoir Saint-Preux sans un frémissement; elle sent qu'il est libre, et elle aussi; la voilà amoureuse et cachant sous l'enjouement et les espiègleries l'affection qu'elle n'ose avouer.

Julie est une prêcheuse qui constamment pérore, dispute, argumente, semblable à ces Genevois qui, suivant Mme d'Orbe, dissertent au lieu de causer et traitent la conversation par points comme s'ils soutenaient une thèse. Toutefois, et bien que sa figure soit trop peu précise, elle vit et vivra parce que son existence se déroule entièrement à nos yeux. Elle succombe d'abord, et, dit Claire, elle a voulu succomber. Mais Rousseau plaide avec art les circonstances atténuantes. Elle a dix-huit ans; son père voyage; sa mère est faible et sans autorité; une gouvernante lui conte ses aventures et l'instruit de mille choses qu'une jeune fille ne doit pas savoir; enfin, son précepteur sait plaire et ne manque pas d'éloquence. Pourtant elle ne se rend qu'après une honorable et très longue résistance. Elle éloigne son amant, et lorsqu'elle le rappelle, elle apprend que son père la destine à un autre : elle est consumée de tristesse, abattue par une fièvre ardente; elle voit Saint-Preux toujours tendre et soumis; elle pense aux maux qu'il a soufferts pour elle; sa pitié la perd. Mais quels remords déchirants ! Elle veut réparer sa faute, elle veut l'avouer, et se croyant grosse, elle compte que M. d'Etange lui donnera ou la mort ou son amant. Un accident détruit le germe qu'elle porte dans son sein. Sa mère, qui surprend ses lettres, meurt de douleur. Son père exige qu'elle épouse Wolmar. Elle proteste ; puis cède et un instant médite l'adultère. Mais, au temple, sous l'œil de Dieu, lorsqu'elle jure à son mari obéissance et fidélité, une révolution subite se fait en elle : elle se promet de tenir son serment. Six années s'écoulent ; amante comme Héloïse et, comme elle, devenue pieuse, Julie remplit avec soin ses devoirs de mère de famille, élève chrétiennement ses enfants, gouverne sagement sa maison, justifie l'estime de son époux. Wolmar invite Saint-Preux à Clarens ; au lieu de se fuir, de rompre entre eux tout commerce, les deux amants sont réunis et ils s'engagent à changer l'amour en amitié et à passer le reste de leur vie dans une familiarité fraternelle. Mais l'épreuve est trop forte, et Julie dit avec raison à Wolmar qu'il jouit durement de la vertu de sa femme. Quand Saint-Preux reparaît devant elle, le voir, s'écrier, courir, s'élancer dans ses bras, n'est pour elle qu'une même chose. D'involontaires souvenirs viennent l'attendrir soudain. Elle rougit, et Saint-Preux soupire lorsque tous deux retrouvent dans les chansons leurs expressions d'autrefois. Un jour, ils font une promenade sur le lac, et l'orage les pousse au rocher de Meillerie. C'est là que jadis Saint-Preux, s'exi-

lant de Vevey, sur l'ordre de sa maîtresse, attendait
la permission du retour ; il revoit son asile ; il montre
à Mme de Wolmar le nom de Julie gravé en mille
endroits, la pierre où il s'asseyait pour contempler
Vevey et celle où il écrivait ses lettres brûlantes, les
cailloux qui lui servaient de burin pour marquer le
chiffre de son adorée, le torrent qu'il traversa pour
ressaisir un billet de son amante qu'emportait le
tourbillon. « Allons-nous-en, dit Julie, l'air de ce
lieu n'est pas bon pour moi. » Elle a triomphé ;
mais encore une victoire comme celle-là, et elle est
perdue. Une langueur secrète s'insinue au fond de
son âme. Vainement elle parle de son bonheur. Vainement, en voyant autour d'elle Saint-Preux, son
père, son époux, ses enfants, sa cousine, elle se féli-
cite de rassembler tout ce qu'elle aime et de n'avoir
plus rien à désirer. Vainement elle cherche par de
sérieux entretiens à mettre Dieu entre elle et ce
Saint-Preux dont son cœur ne peut se déprendre.
Vainement elle essaye de le marier à Mme d'Orbe
pour s'abandonner sans contrainte à son attachement
et ne plus courir aucun risque. Malgré tous ses
sujets de contentement, elle n'est pas contente ; elle
se dégoûte de la vie ; elle la juge bien longue pour
la vertu : devra-t-elle se vaincre jusqu'à la mort, se
tenir toujours sur ses gardes, trembler à la pensée
d'un moment, d'un seul moment où elle pourrait
s'oublier ? Elle meurt, après avoir sauvé son enfant
qui se noyait, et avoue qu'elle n'était pas guérie :
« Le ciel met mon honneur à couvert et prévient des

malheurs; qui m'eût pu répondre de l'avenir! Un
jour de plus, peut-être, et j'étais coupable! » Est-ce
le dénouement véritable, logique, fatal? En une telle
crise, Julie ne devait-elle pas s'enfuir avec Saint-
Preux, puis, repentante, désespérée, se jeter dans
le lac? Rousseau, après avoir poussé la situation à
de pareilles extrémités, n'a pas osé la vider. Il sent
évidemment et, mieux que personne, il sait que la
passion, arrivée à ce comble, ne marchande plus,
ne connaît plus de ménagement et se révolte sans
scrupule contre l'ordre humain qui trouble les rapports de la nature. Mais il avait décidé que Julie,
séparée de Saint-Preux, recommencerait avec Wolmar une autre vie qui serait sans tache; qu'elle
effacerait par sa conduite la seule faute qu'elle eût à
se reprocher; qu'après avoir été faible, elle serait
forte et magnanime. Allait-il livrer la femme au même
égarement, au même opprobre que la jeune fille?
Allait-il ravir à son héroïne en un seul instant le
fruit de tant de peines et d'efforts? Il imagine un
accident et fait mourir Julie au milieu de cette carrière d'honneur qu'elle n'eût pas achevée. Quoi qu'il
en soit, la destinée de Julie est retracée tout entière
dans l'*Héloïse*, et bien qu'épistolaire, le roman offre
un récit complet et suivi, le récit de la vie d'un cœur.
Les femmes s'enthousiasmèrent pour une œuvre
toute pleine de cet amour qui est la grande affaire
de leur existence. Aucune ne lut sans pleurer l'analyse dramatique des combats que Julie soutient
jusqu'à son dernier jour contre les cruelles attaques

de la passion avec une noblesse parfois cornélienne
et digne de la *Princesse de Clèves*.

Ce qui gâte l'ouvrage, c'est la fin, et l'on regrette
presque que Rousseau n'ait pas retranché les deux
dernières parties. Rien de plus froid que les discus-
sions sur les velléités matrimoniales de Milord
Edouard, sur la piété de Mme de Wolmar et l'athéisme
de son mari. Rien de plus ennuyeux que la mort de
Julie : le discours qu'elle fait au pasteur, ses exhor-
tations à son entourage, ses entretiens avec Claire,
la scène de joie qu'excite le faux bruit de sa gué-
rison, le retour imprévu d'Anet, tout cela émut les
contemporains et ne nous émeut pas aujourd'hui.

Et dans ce livre si touffu, si *feuillu*, que de répé-
titions et, comme dit Rousseau lui-même, que de
rabâcheries et de remplissages verbeux! Que de
digressions qui nous lassent et nous excèdent! Jean-
Jacques débat et traite à fond, en autant de disserta-
tions particulières, les questions qui se présentent
à lui : l'assistance des mendiants, l'éducation des
enfants, les devoirs du père de famille, l'économie
domestique, l'agriculture. Il loue la musique italienne; il blâme le duel; s'il vient à parler du suicide,
il plaide oratoirement le pour et le contre. Mais les
lecteurs d'alors n'étaient pas rebutés par l'éloquence
continue; ils goûtaient les longs prônes et souffraient
volontiers qu'une leçon de morale suspendît l'intérêt
d'un roman. Saint-Preux ne dit-il pas qu'on discute
à Paris dans le salon d'une jolie femme comme dans
une société de philosophes?

A ces thèses de toute sorte s'ajoutent des platitudes, des taches de goût, les affectations et les excès de la sensiblerie du XVIII° siècle. Les baisers de Julie sont *âcres*. Les airs légers de la musique française ressemblent à une oie grasse qui voudrait voler ou à une vache qui galope. L'héroïne recommande à Saint-Preux de respecter ses servantes. Tous les personnages vantent les enchantements de la mélancolie et les langueurs attirantes de l'âme. Ils s'attendrissent sur leurs propres maux et sur ceux des autres. Dans chacun de leurs actes ils mettent une dose de tristesse : la tristesse assaisonne les plaisirs, elle fait fermenter l'amour, elle rend plus touchantes les choses qui reçoivent son empreinte. On n'a jamais l'œil sec dans la maison des Wolmar, et les larmes se joignent à tous les sentiments. Pleurer, n'est-ce pas prouver que le cœur connaît encore les doux mouvements de la nature? Durant une journée entière, les hôtes de Clarens, hommes et femmes, tout éplorés, s'embrassent sans cesse avec de nouveaux transports.

« O sentiment, s'écrie Rousseau, quel est le cœur de fer que tu n'as jamais touché! » L'impulsion du sentiment est invincible; il tient lieu de sagesse et revêt dans une âme honnête le saint caractère de la vertu. Rien de plus pur et de plus noble que l'amour; il est « le père de tous les sentiments sublimes »; il dédaigne les âmes basses et rampantes; il anime les âmes grandes et fortes, et les élève au-dessus d'elles-mêmes. Julie, mariée et attachée à ses devoirs, réserve son cœur et ne renonce nullement à Saint-Preux ; elle garde en elle sa passion et la choie. Et pourquoi non, puisqu'elle compte la régler et l'affranchir des sens ? Elle n'est pas infidèle ou ne l'est qu'idéalement ; « oublions tout le reste, dit-elle à Saint-Preux, et soyez l'amant de mon âme. »

Rousseau va plus loin encore. Il proclame la souveraineté de la passion. En vain on gêne nos inclinations ; le cœur n'obéit qu'à lui-même ; il échappe à l'esclavage ; il se donne à son gré ; il fait taire la raison. Qu'importe qu'un riche baron refuse sa fille à un petit bourgeois sans fortune ! L'arrêt du ciel destine Julie et Saint-Preux l'un à l'autre, et c'est la première loi qu'il faut écouter. « N'as-tu pas, dit l'amant à l'amante, contracté le plus saint des engagements ? Que manque-t-il au nœud qui nous joint, qu'une déclaration publique ? » Tous deux s'indignent contre les préjugés, contre les conventions injustes et tyranniques, ces *monstres d'enfer* qui « changent les directions éternelles et bouleversent l'harmonie des êtres pensants ». Ils croient que l'amour doit se soumettre, non pas à l'autorité paternelle, mais « à la seule autorité du Père commun qui commande aux cœurs de s'unir », et Saint-Preux jette ces mots à la face de M. d'Etange : « Mes droits sont plus sacrés que les vôtres, et quand vous osez réclamer la nature, c'est vous qui bravez ses lois ! » Et ainsi revient l'opposition que Rousseau établit toujours entre l'homme de la nature et l'homme de la société. Ses héros se détachent du reste de l'univers

et semblent habiter un monde différent du nôtre.
Hélas! ils vivent encore trop près des grandes villes
et de la civilisation. Ils ont plus de simplicité que
les Parisiens dont Saint-Preux dépeint les grimaces
et les airs apprêtés ; mais eux aussi doivent plier
sous cet ordre social que règlent la naissance et les
richesses ; eux aussi doivent sacrifier la loi sacrée de
la nature à la considération des états et des rangs ;
eux aussi deviennent les victimes de l'avarice, de la
vanité, du despotisme des parents, les victimes de
l'inégalité !

Mais si Rousseau justifiait et glorifiait la passion,
s'il exaltait les têtes, s'il propageait une sensibilité
maladive et malsaine, s'il mettait à la mode les
belles âmes et les *cœurs tendres*, il avait, avec sa
généreuse inconséquence, réfuté lui-même sa doctrine. Après avoir, dans la première moitié de son
œuvre, plaidé la cause du sentiment, il asservit dans
la seconde les vœux du cœur à la loi « réprimante et
sévère » du devoir. « Cherchez, écrit Julie à Saint-
Preux, au fond de votre conscience un principe qui
serve à mieux ordonner toutes vos actions ; que la
vertu soit la base de votre conduite, mais établissez
cette base même sur un fondement inébranlable. »
C'est avouer que la passion n'est pas l'unique guide
de la vie, que les élans de l'imagination ne donnent
à l'âme ni vigueur ni consistance, et que pour
devenir vertueux, il ne suffit pas d'être sensible. En
vain Wolmar prie Julie de se fier à elle-même et à
son goût de l'honnêteté ; elle sait sa faiblesse, et

comprend que l'idée du devoir peut seule la secourir et la sauver d'une irréparable rechute. « Avec du sentiment et des lumières j'ai voulu me gouverner, et je me suis mal conduite; je crois valoir autant qu'une autre, et mille autres ont vécu plus sagement que moi; elles avaient des ressources que je n'avais pas; elles avaient un meilleur appui. »

Si l'*Héloïse* renferme beaucoup de moralités inutiles, elle a donc une morale. La passion que dépeint Rousseau est souvent délicate et pleine d'élévation. L'âme s'y mêle toujours. Ce que Saint-Preux chérit dans sa maîtresse, c'est non seulement la beauté, mais un esprit juste, un goût exquis, le « charme des sentiments »; il sait que nulle ne la surpasse en bienveillance, en tendresse, en douceur d'attachement, et il fonde son amour sur « la base du mérite et des vertus ». Pareillement Julie a deviné sur le visage de Saint-Preux un cœur semblable au sien, et ce qu'elle aime en lui, c'est moins ce qu'elle y voit que ce qu'elle croit sentir en elle-même. Il existe une conformité secrète entre l'humeur, le caractère et l'âge des deux amants : leurs âmes s'accordent, elles « se touchent par tous les points et sentent la même cohérence »; elles sont les deux parties d'un même tout. « Viens, dit Saint-Preux, viens dans les bras de ton ami réunir les deux moitiés de notre être ! »

Sans doute, Rousseau est de son siècle, et il est Rousseau : il se complaît à de lascifs tableaux, et lorsque l'héroïne se pâme dans le bosquet de Cla-

rens sous le baiser *saporito* de Saint-Preux, lorsque
le jeune homme porte sur Julie des regards avides
et observe furtivement les contours de son sein,
lorsqu'il attend, palpitant d'impatience et de désir,
dans le cabinet de toilette, ou qu'il décrit l'ivresse
d'une nuit d'amour, on prononce, comme Grimm,
le nom de l'Arétin. Mais les sens ne jouent-ils pas
leur rôle dans une passion comme celle de Saint-
Preux et de Julie, qui naît de la première vue et par
un coup de foudre? Cette sensualité n'était-elle pas
préférable à la froide licence et à la dépravation raffinée de l'époque? Aux scènes graveleuses des boudoirs, aux exploits des roués, aux bonnes fortunes
des libertins blasés, Jean-Jacques opposait le baiser
du bosquet de Clarens, ce baiser pénétrant qui perce
et brûle jusqu'à la moelle, ce baiser mortel qui
embrase le sang. L'*Héloïse* n'était pas une de ces
œuvres frivoles qui ne prêchaient que les plaisirs du
grand monde. Les personnages philosophaient, mais
ils ne persiflaient pas; ils ne faisaient pas d'ironiques épigrammes; ils n'avaient pas le parlage sati-
rique et caustique des salons; ils ne se perdaient pas
dans les subtilités métaphysiques; ils ne quintessen-
ciaient pas le sentiment; ils ne mettaient pas en
maximes la morale épicurienne; ils ne tiraient pas
vanité de leur esprit et ne se piquaient pas de
manquer de cœur. Ils aimaient. Et quelle amante que
Julie déclarant qu'il n'y a point d'homme pour elle
que Saint-Preux! Quel amant que ce Saint-Preux,
dévoré de la fièvre et du délire dès qu'il rencontre

la main de Julie, gardant l'image de sa maîtresse au fond de son âme comme en un sanctuaire inviolable d'où rien ne pourra l'arracher, l'adorant plus que jamais après des années de séparation, et dans les jardins de Clarens baisant les fleurs que ses pieds ont foulées! Avait-on, avant Rousseau, représenté ces « puissants élancements de deux cœurs l'un vers l'autre » avec autant d'énergie et de vivacité? Avait-on décrit avec autant de chaleur ces « divins égarements »? La nature reprenait ses droits. L'amour n'était plus un rapide caprice, une de ces galantes liaisons, passagères et commodes, qui se formaient par amusement, par air, par habitude, pour le besoin du moment. C'était l'amour profond, intense, immuable. On avait banni le mot lui-même; on l'avait relégué, avec *flamme* et *chaîne*, dans des romans qu'on ne lisait plus. Rousseau le remettait en honneur; il refaisait de l'amour une flamme et une chaîne; il lui rendait sa tendresse, ses effusions, son enthousiasme, son exaltation ardente: « Mon âme aliénée est toute en toi! » Le vrai sentiment, contenu jusqu'alors et refoulé, coulait à pleins bords; il débordait même. Mais ne vaut-il pas mieux que le cœur batte à coups violents et précipités que de tomber, comme se plaignait d'Argenson, en paralysie?

Rousseau imitait la *Clarisse* de Richardson. Les personnages de l'*Héloïse*, comme ceux du roman anglais, ont le bavardage fébrile et ne font que se répéter. Julie est aussi sermonneuse que Clarisse.

Claire ressemble à miss Anne Howe. Mais si Richardson mérite le nom de génie créateur, s'il analyse finement, infatigablement les mouvements du cœur, s'il dessine mieux les caractères, s'il est toujours moral et vraisemblable, il a mis dans *Clarisse* moins de vie et de variété que Rousseau dans l'*Héloïse*; il a été plus long, plus traînant; il n'a pas les mêmes éclairs d'éloquence, la même véhémence oratoire, ni l'accent de la grande passion; il ne rehausse pas sa peinture par la beauté du cadre.

Dans l'*Héloïse*, la nature s'associe aux émotions des personnages et semble les partager. Saint-Preux, roulant en son esprit des pensers funestes, trouve dans les choses qui l'entourent la même horreur qu'au dedans de lui-même : plus de verdure, une herbe jaune et flétrie, des arbres dépouillés, la neige et les glaces entassées par le vent et la bise, la nature décolorée et morte à ses yeux comme l'espérance au fond de son cœur. Mais que son espoir renaisse, et tout lui paraît vivre, s'animer, s'embellir d'un charme secret; la campagne est plus riante; la verdure, plus fraîche; l'air, plus pur; le ciel, plus serein; le chant des oiseaux a plus de tendresse et de volupté; le murmure des eaux inspire une langueur plus amoureuse; la vigne en fleur exhale des parfums plus doux; « on dirait que la terre se pare pour former à l'amant un lit nuptial digne de la beauté qu'il adore! »

Cette nature que représentait Rousseau, c'était le pays vaudois aux rives si fertiles et si pittoresques,

aux villages nombreux et denses, aux grands coteaux
verdoyants ; c'était le Léman aux ondes vives et
courtes que le *séchard* fraîchissant rend soudain
terribles ; c'était le Valais et ces Alpes au sein des-
quelles le lac forme une immense plaine d'eau.
Rousseau révèle les Alpes à ses contemporains.
Avec quelle surprise le public accueillit cette superbe
description d'un monde nouveau ! Les scènes variées
de la montagne, les roches qui pendent en ruine
au-dessus de la tête du piéton, les hautes et bruyantes
cascades au brouillard épais, les torrents dont l'œil
n'ose sonder la profondeur, les contrastes que présente le mélange de la nature sauvage et de la nature
cultivée, une maison près d'un gouffre, des vignes
dans des terres éboulées, une prairie sur la pente
d'un précipice, le vaste horizon, les pointes des
monts différemment éclairées, les objets se rappro-
chant et prenant de plus vives couleurs et des traits
plus marqués, la sérénité de l'âme qui semble contracter quelque chose de la pureté de l'air, tout cela,
justement observé, vigoureusement peint, profondément senti, n'avait-il pas dans le récit de Rousseau,
comme dans la réalité, je ne sais quoi de magique
qui ravissait l'esprit ? Certes ce tableau du paysage
alpestre est un peu confus et incomplet. Rousseau
n'a pas dépassé les collines et il parle à peine des
cimes blanches qui se revêtent d'une belle teinte de
rose lorsqu'elles sont illuminées par le soleil couchant. C'était Saussure qui devait conquérir les Alpes
et peindre en son style simple et sobre la région des

glaciers et des pics. C'était Ramond qui devait rendre avec force et vérité les aspects des sommets les plus élevés. Mais Ramond imitait l'auteur d'*Héloïse*, et Buffon le félicita d'écrire comme Jean-Jacques.

Tous les mérites du style de Rousseau étincellent dans ce roman, et Voltaire y distinguait plusieurs lettres qu'il eût voulu, disait-il, en arracher. Les morceaux de philosophie, pris en eux-mêmes, sont, pour la plupart, des chefs-d'œuvre : Jean-Jacques y a porté toute l'énergie nerveuse et pressante de sa dialectique. Les morceaux de passion sont émouvants et tracés avec feu : la lettre où Mlle d'Etange raconte que, malade de la petite vérole, elle a vu dans un songe Saint-Preux qui lui baisait la main en gémissant; celle où Mme d'Orbe lui apprend que le rêve n'était pas un rêve et que Saint-Preux en personne se trouvait dans sa chambre; celle où le héros décrit son abri solitaire sur l'autre bord du lac et se représente les détails de l'existence de sa maîtresse; celle où il revient avec Mme de Wolmar dans ces lieux déserts et lui montre les anciens monuments de sa constante et malheureuse affection ; celle où Julie fait ses adieux à son doux ami : « Quand tu verras cette lettre, les vers rongeront le visage de ton amante et son cœur où tu ne seras plus ». Les rêveries de Saint-Preux à Meillerie et pendant la promenade en bateau n'ont-elles pas inspiré le *Lac* de Lamartine? Et la « Méditation » du prosateur n'est-elle pas aussi tendre, aussi gravement émue, presque aussi mélodieuse que celle du poète?

Enfin, quel charme dans le tableau de la vie intime et patriarcale des Wolmar! Quelle peinture précise et délicate, bien que légèrement idéalisée et mêlée de souvenirs antiques, d'une maison ou, comme on disait au XVIe siècle, d'une *ménagerie* pleine de travail et de gaieté, d'innocence et de vertu! C'est l'Arcadie de Rousseau : de bons maîtres honnêtes et raisonnables dont l'exemple est plus fort que l'autorité; des domestiques qui servent fidèlement les maîtres et les affectionnent parce qu'ils sentent leur bien-être et ne connaissent pas l'oisiveté; des ouvriers traités avec douceur et rapportant plus qu'ils ne coûtent; une administration sage et soigneuse; les revenus employés sur le lieu même; des échanges commodes; peu de ventes et d'achats; les terres cultivées par le propriétaire, et non par le fermier; les denrées du cru couvrant la table; les étoffes du pays composant les meubles et les habits; l'agréable sacrifié partout à l'utile, et l'utile rendu riant et agréable; les avantages de la ville au milieu de la campagne et de l'appareil de l'économie rustique; un grand jardin sans étoiles, sans allées droites et sablées, sans points de vue ni lointains; de l'eau et de la verdure, de l'ombre et de la fraîcheur; ni symétrie ni équerre; toutes les choses que la nature rassemble à l'aventure; les fleurs des champs croissant spontanément sur un gazon court et serré; des bocages aux touffes obscures; de petits chemins tortueux, irréguliers, revêtus d'une mousse fine, traversés par l'eau des ruis-

seaux, bordés de mille guirlandes jetées le long des
arbres, un monticule enfermé d'une haie vive et
garni d'arbrisseaux où, comme en une sorte de
volière, les oiseaux viennent faire leur couvée ; des
jeux variés établis le dimanche entre les serviteurs ;
les fêtes des vendanges avec leurs chants, leurs agaceries, leurs querelles folàtres, leurs danses, leurs
festins abondants et joyeux, leurs feux de chène-
vottes !

CHAPITRE V

« ÉMILE »

L'*Émile* se divise en cinq livres. Les quatre premiers sont consacrés à l'éducation de l'homme ou d'Émile, l'élève imaginaire de Rousseau : un livre par étapes, car l'éducation se fait par étapes nettement déterminées, de la naissance jusqu'à cinq ans, de cinq à douze ans, de douze à quinze ans, de quinze à vingt ans.

Dès le début, Rousseau combat les préjugés de l'époque et ses usages d'assujettissement. Nulle gêne, nulle contrainte. Que l'enfant étende et meuve ses membres engourdis. Qu'il ne soit pas garrotté, cousu dans un maillot comme plus tard dans une bière. Qu'on ne lui donne pas une nourrice mercenaire. Que sa mère l'allaite, et non une étrangère qui le néglige, le jette en un coin, ou le suspend à un clou comme un paquet de hardes. *Point de mère, point d'enfant.* Si l'ordre moral s'altère, si le naturel s'éteint dans les cœurs, si la maison n'est qu'une triste solitude, si les membres de la famille ne se connaissent presque pas et vont s'égayer ailleurs, c'est parce que les mères ne daignent pas nourrir leurs enfants. Qu'elles remplissent ce devoir, et les mœurs se réformeront d'elles-mêmes, les sentiments de la nature se réveilleront dans les âmes, la famille ranimée goûtera tout l'attrait de la vie domestique.

Jusqu'à cinq ans, l'enfant reste entre les mains de la mère, puis il passe dans celles du père, qui manque de loisirs et confie sa tâche à un gouverneur. Mais où trouver un instituteur parfait qui ait l'âge, la santé, les talents convenables pour suivre son élève jusqu'à la vingtième année et pour *faire un homme* ? Eh bien, Rousseau sera ce gouverneur à la fois jeune et sage, capable d'être le compagnon d'Émile. Il ne se sépare plus de lui et succède à tous les droits des parents. Ses fonctions commencent dès la naissance de l'enfant ; il donne à la mère ses instructions par écrit ; il choisit la nourrice ; il emmène à la campagne son futur disciple, le veille, l'observe, épie les premières lueurs de son entendement.

Émile a cinq ans. Il reste dans l'état de nature et ne reçoit aucune espèce de leçon verbale : il s'instruit de lui-même, par l'expérience, par des exemples, et s'instruit d'autant mieux qu'il ne voit nulle part l'intention de l'instruire. Une conversation avec le jardinier Robert lui révèle l'idée de la propriété. N'est-ce pas perdre du temps ? Non : la règle la plus

importante, c'est de perdre du temps. La première
éducation doit être purement négative; elle consiste,
non à enseigner la vertu et la vérité, mais à garantir
le cœur du vice et l'esprit de l'erreur; son idéal
serait de ne rien faire, de ne rien laisser faire, de ne
donner à Emile ni préjugés ni habitudes. Il n'apprendra d'autre langue que sa langue maternelle;
peut-il comparer et même concevoir des idées? Il
n'étudiera pas l'histoire; comprend-il les rapports
des faits? Il ne saura rien par cœur; entend-il seulement les fables de La Fontaine? Loin de lui les
livres, ces instruments de misère! Loin de lui la lecture, ce fléau de l'enfance! Qu'il sache lire, mais
qu'il ne lise pas. Qu'il soit attentif à ce qui le touche immédiatement; qu'il exerce son corps, qu'il
agisse et qu'il crie; qu'il coure et devienne l'émule
du chevreuil; qu'il monte à cheval; qu'il nage et se
trouve dans l'eau comme sur la terre; qu'il soit toujours en mouvement. Il pourra dessiner, chanter
des chansons très simples; mais qu'avant tout, il
jouisse de son enfance; qu'il soit robuste et adroit:
il aura l'air d'un polisson aux yeux du vulgaire : en
réalité, plus il s'est rendu fort, plus il est devenu
judicieux; la raison du sage s'associe fréquemment à
la vigueur de l'athlète.

Émile a douze ans, et le temps des études est
venu pour lui. Mais, comme auparavant, il apprendra
des choses et non des mots; il ne lira qu'un seul
livre, *Robinson Crusoé*; il résoudra de son chef les
questions que le précepteur met à sa portée. Le

spectacle du soleil levant lui fournit la matière de
sa première leçon de cosmographie. Les tours d'un
bateleur attirant un canard mécanique par un aimant
caché sous du pain lui font trouver les lois de
l'aimantation. *A quoi cela est-il bon?* est le mot sacré
qui détermine toutes ses actions. Il parcourt les
ateliers; il apprend même le métier de menuisier; le
tsar Pierre ne s'est-il pas fait charpentier? Telles
sont, à l'âge de quinze ans, les connaissances
d'Émile; il sait peu, mais ce qu'il sait, il ne le sait
pas à demi; il a l'esprit ouvert, prêt à tout, et sinon
instruit, du moins instruisable; il est laborieux et
ferme; il pourrait gagner sa vie; il ne compte que
sur lui seul.

Voici la quatrième étape, la crise de l'adolescence,
le temps des passions naissantes. Il faut jeter Émile
hors de lui-même, guider sa sensibilité, lui offrir
des objets qui dilatent son cœur. Rousseau lui met
dans les mains les historiens qui font lire dans les
âmes : non pas Hérodote qui conte trop souvent des
puérilités, non pas Thucydide et César qui ne parlent que de guerre, non pas Tite-Live qui est politique et rhéteur, non pas Tacite qui ne convient
qu'aux vieillards, mais Plutarque qui caractérise les
héros par un simple mot et les peint dans les petites
choses avec une grâce inimitable. Il excite chez
Émile la pitié, la reconnaissance, la bienveillance.
Il lui annonce l'existence de Dieu et dans la *Profession de foi du vicaire savoyard* lui enseigne la religion naturelle. Émile croit en l'Être suprême, il

croît à l'autre vie, et l'on a de nouvelles prises sur lui. Mais son tempérament commence à l'entraîner. Rousseau s'efforce de donner le change à ses sens et de lasser son corps par une occupation qui le passionne et le prenne tout entier ; il le conduit à la chasse. Puis il le mène à Paris, l'applique derechef aux études et tâche de le rendre sensible aux beautés de l'éloquence et de la poésie ; il lui fait lire Démosthène l'orateur et Cicéron l'avocat ; il lui montre les « égouts » de la littérature dans les réservoirs des modernes compilateurs, journaux, traductions, dictionnaires ; il lui inspire l'horreur des académies et de leur *bavardage*. Enfin, il lui cherche une compagne et la trouve au fond de la province.

Telles sont les théories de Rousseau sur l'éducation. Elles soulèvent une foule d'objections. Jean-Jacques somme les mères d'allaiter leur nouveau-né ; mais peuvent-elles toutes remplir ce pénible devoir ? Il veut endurcir les enfants, « les tremper dans l'eau du Styx » ; mais faut-il les laver été et hiver à l'eau glacée, les laisser courir à pieds nus partout et en chaque saison, et n'appeler le médecin qu'à l'extrémité, lorsque leur vie sera dans un péril évident ? Faut-il les élever à la spartiate ou à la romaine, les coucher dans les endroits humides, leur faire boire, quand ils sont en nage, de l'eau de source ou de rivière ?

Rousseau désire que son élève ne reçoive jusqu'à douze ans qu'une éducation négative et qu'il garde aussi longtemps que possible son âme oisive et indifférente. C'est, disait Mme d'Épinay, comme si l'on défendait aux enfants de mouvoir mains et bras pendant qu'ils apprennent à marcher. Au fond même d'une campagne reculée, Émile est-il inaccessible aux impressions? N'a-t-il pas le spectacle d'autrui? Et puisqu'il voit et accueille le mal, ne faut-il pas lui enseigner le bien?

Jean-Jacques lui interdit les langues étrangères, l'histoire, la littérature, sous prétexte qu'à cet âge les idées ne pénètrent pas encore dans le cerveau. Mais n'est-ce rien que d'apprendre aux enfants des mots et des faits? Ne faut-il pas tirer parti de la souplesse de leur mémoire et, comme dit Rousseau lui-même, l'enrichir continuellement en attendant que leur jugement puisse en profiter? Les livres des hommes ne sont-ils pas plus propres que le livre de la nature à former ce magasin de connaissances que l'auteur d'*Émile* regarde comme indispensable à l'éducation et à la conduite future de son disciple?

Il emploie la méthode socratique. Mais que de lentes et laborieuses recherches il impose aux enfants! Faut-il qu'ils retrouvent d'eux-mêmes, comme Pascal, la géométrie d'Euclide et qu'ils inventent ce qu'il suffit d'apprendre?

Il fait de l'utilité l'unique mobile des actes de son élève entre la douzième et la quinzième année. N'est-ce pas l'accoutumer à considérer les choses d'un seul point de vue, et lui inculquer un de ces pré-

jugés que Jean-Jacques combat si vigoureusement,
le préjugé de l'intérêt personnel?

Il croit placer Émile au milieu de la nature. Mais
il le transporte en pleine fantasmagorie! Il forge
pour lui un monde artificiel où tout est machiné
comme dans une féerie. Ce ne sont que spectacles
arrangés exprès, que compères, que gens apostés
auxquels le maître souffle leur leçon. Qui nous dit
qu'Émile ne saura pas démêler la ruse?

Instruit par l'expérience, Rousseau a voulu mettre
son héros en garde contre les entraînements du
cœur. Il ne lui donne ni mère, ni frère, ni sœur, ni
ami, et ne lui fait connaître que son précepteur.
Émile vit d'abord par les sens, puis par l'intelligence,
puis par la raison, enfin par le sentiment. Mais
peut-on ainsi diviser l'existence et la découper par
tranches? Rousseau oublie que la nature développe
à la fois toutes les forces de l'âme. Si la sensibilité
d'Émile était restée muette pendant quinze ans, son
gouverneur essayerait en vain de la faire parler;
quelle source pourrait jaillir d'un cœur desséché?
Jean-Jacques retarde jusqu'à la dix-huitième année
l'enseignement de la religion. Mais Émile n'a-t-il
jamais entendu le son des cloches? Curieux comme
il l'est, n'a-t-il pas demandé à son gouverneur quel
est l'auteur de l'univers? Et se souciera-t-il d'un
Dieu dont il s'est passé si longtemps?

L'erreur capitale de Rousseau, c'est d'avoir,
comme d'ordinaire, opposé la nature à la société.
En tête de son ouvrage il inscrit la phrase si

connue : « Tout est bien, sortant des mains de l'auteur des choses ; tout dégénère entre les mains de l'homme ». Il croit que les premiers mouvements de la nature sont toujours droits et qu'il n'y a point de perversité originelle dans le cœur humain. Il éloigne donc son élève de la ville ; pour le préserver des vices de la civilisation, il l'isole, le séquestre, l'écarte du monde réel, et ne crée qu'un être chimérique. Non seulement Émile est un aristocrate, un privilégié, riche, comblé de tous les dons ; mais son éducation dépend d'un concours de circonstances qui ne se trouvent jamais. Il faut le dévouement d'un précepteur qui gouverne son élève pendant vingt ans et ne démente pas une seule fois ses leçons par sa conduite. Il faut un entourage intelligent qui entre dans les desseins du maître, et un seul domestique suffit pour tout gâter.

Mais à côté des utopies, que de vues saines et profondes ! Rousseau commence dès la naissance l'éducation des enfants, puisque le seul choix des objets qu'on leur présente est propre à les rendre courageux ou timides. Il expose avec sagacité comment et dans quel ordre on doit leur offrir les sensations qui sont les premiers matériaux de leurs connaissances. L'hygiène du *petit homme,* les habitudes qu'on lui donnera par une gradation lente et ménagée, le langage qu'on lui tiendra, la voix qu'on lui fera contracter, le vocabulaire qu'on lui apprendra, la signification et l'intention secrète de ses pleurs, de ses cris, de ses gestes, tous ces détails du premier livre de l'*Émile* sont encore aujourd'hui très utiles. Et avec quelle énergie Jean-Jacques rappelait aux femmes leurs obligations les plus sacrées! Toutes voulurent être mères et nourrices. Bien d'autres leur avaient déjà conseillé d'allaiter leurs enfants. Rousseau commanda, et elles firent leur devoir. Les grandes dames sacrifièrent à la vanité de la mamelle. « Il faut, dit Mme Marmontel, beaucoup pardonner à celui qui nous apprend à être mères. »

Rousseau fait, en outre, d'excellentes observations sur l'éducation des sens. Il montre qu'on ne peut élever les enfants par la raison. Qu'ils sachent qu'ils sont faibles et à votre merci; qu'ils sentent de bonne heure le joug de la nécessité; qu'ils voient cette nécessité dans les choses, jamais dans le caprice des hommes. Ne révoquons jamais le refus que nous leur avons opposé, et que le *non* prononcé soit un mur d'airain qu'ils ne tentent même pas de renverser. Punissons-les, mais que leur châtiment soit la suite naturelle de leur méfait.

Il désire que les enfants imitent les actes dont on veut leur donner l'habitude, en attendant qu'ils puissent les faire par discernement et par amour du bien.

Il prescrit d'étudier la géométrie par la simple superposition et de dessiner sans autre maître que la nature, sans autre modèle que les objets.

Il prêche la méthode de suggestion et conseille d'éveiller la curiosité des enfants, de provoquer leur attention, de les exciter à s'instruire eux-mêmes, de voir eux-mêmes l'utilité des choses ; on ne sait vraiment que ce qu'on a trouvé.

Il glorifie le travail des mains.

Il insiste sur les avantages de l'éducation physique. Les enfants ne doivent pas s'enfermer dans une chambre avec des livres ni mener une vie sédentaire qui les empêche de croître et de profiter. Il faut fortifier leur corps en exerçant leur esprit, les rendre aussi sains des membres que de l'entendement, leur raidir les muscles et l'âme à la fois, faire d'eux, avant tout, comme dira Spencer, de robustes animaux.

Il proteste contre la routine de la pédagogie qui plie tous les enfants sous la même formule sans égard à l'infinie variété des intelligences. Chacun n'a-t-il pas un tempérament particulier qu'on doit, non pas altérer et contraindre, mais former et perfectionner ? Pourquoi gêner la nature et substituer à de belles qualités natives d'autres qualités apparentes et nullement solides ? N'est-il pas déraisonnable d'exercer indistinctement aux mêmes choses tant de talents divers et de ne faire que de petits prodiges qui deviennent plus tard des hommes faibles, inutiles, incapables de penser et de sentir par eux-mêmes ?

Enfin, Rousseau distingue des périodes dans la vie humaine, et il comprend que l'éducation doit être progressive, qu'elle doit proportionner ses efforts aux changements de l'âme et suivre pas à pas la nature.

Le dernier livre d'*Émile* traite de l'éducation des femmes. Elle sera, dit Rousseau, relative aux hommes. La jeune fille ne quittera pas le foyer domestique et ne s'éloignera pas de sa mère, pour qu'elle aime plus tard sa propre maison. Elle saura gouverner le ménage; elle connaîtra le prix et la valeur des denrées; elle tiendra les comptes; elle fera, le cas échéant, le maître d'hôtel. Elle ne se bornera pas aux travaux de son sexe, elle aura cet esprit cultivé qui dirige les enfants et attache le mari. Mais elle ne sera pas trop savante : le bas bleu est un fléau, et si les hommes étaient sensés, toute lettrée resterait fille. Il faut la préparer à plaire, façonner en elle les agréments, faire l'éducation de sa coquetterie. Son état est d'être coquette. Elle a d'abord une poupée; puis elle est elle-même sa poupée. Il s'agit de suivre et de régler ce goût si marqué. Elle méprisera la mode; mais des rubans, de la gaze, de la mousseline, des fleurs, sans diamants ni pompons, lui feront un ajustement qui vaudra les chiffons les plus brillants. Elle tâchera de donner à sa voix un accent flatteur, de composer son maintien, de marcher avec légèreté, de prendre des attitudes gracieuses, de choisir partout ses avantages. Elle aura tous les talents agréables, pour les consacrer à l'amusement de son mari, et les cultivera même avec autant de soin qu'une jeune Albanaise dressée pour le harem d'Ispahan. Elle aura pour maîtres son entourage, parents, gouvernante, mère, sans oublier son miroir. On ne contiendra pas

son babil, comme celui d'un garçon, par cette dure
question *à quoi cela est-il bon*, mais par cette autre
quel effet cela fera-t-il? On glissera dans la causerie
quelques leçons de morale à son intention; on lui
déliera la langue; on la rendra vive à la riposte;
l'esprit, qui ne passe pas comme la beauté, est la
ressource véritable de la femme. Elle a naturellement
de la finesse et le don d'observer; elle étudiera les
hommes qui l'environnent; elle lira dans leurs
cœurs; elle saura les conduire en les comprenant,
et c'est ainsi que sa ruse la dédommage de la force
qu'elle n'a pas.

Rousseau trace sur ces données le portrait de la
compagne d'Émile. Sophie n'est pas belle, mais elle
intéresse, et l'on n'a pas une taille mieux prise, un
regard plus doux, une physionomie plus touchante.
Elle aime la parure, se met avec goût, connaît les
couleurs qui lui vont, et sa toilette, modeste en
apparence, et au fond coquette, laisse deviner ses
charmes. Elle chante juste et joue du clavecin. Elle
coud ses robes, manie l'aiguille avec plaisir et préfère à tous les travaux celui de la dentelle. Elle vaque
volontiers aux devoirs domestiques : bien faire ce
qu'elle fait, n'est que le second de ses soins; le premier est de le faire avec propreté. Elle a l'esprit
solide, sans éclat ni profondeur. Malgré sa réserve,
elle a parfois d'aimables vivacités : qu'on la blâme et
la blesse, elle s'échappe pour pleurer; qu'on la rappelle et la radoucisse, elle rit en s'essuyant adroitement les yeux. Assez capricieuse et mutine, elle

répare ses fautes franchement et de bonne grâce. Sa religion est celle de Rousseau : peu de dogme, ni catéchisme, ni prières apprises par cœur, de la morale, l'exemple de ses parents, et d'ailleurs son mari l'instruira. Ce n'est pas une Française qui ne cherche que l'amusement : précoce en tout, elle sent le besoin d'aimer et désire un amant, un honnête homme auquel elle vouera sa vie.

Ce cinquième livre d'*Émile* renferme de sages conseils et de jolies réflexions. L'auteur marque avec justesse les rapports et les oppositions entre les deux sexes. Il jette un vif rayon de lumière sur quelques côtés du cœur féminin. Comme dans la *Lettre sur les spectacles*, il dit aux femmes de dures vérités : elles savent se déguiser ; elles sont extrêmes, et s'enthousiasment aujourd'hui pour un objet qu'elles ne regardent pas le lendemain. Mais, comme dans la *Lettre sur les spectacles*, on sent qu'il les aime, « ces rusées » ; il parle si complaisamment des armes qu'elles affilent à loisir pour subjuguer l'homme ; il les gronde si doucement de leurs défauts ! Au milieu d'une tirade, ce faux misogyne s'écrie : « Qu'est-ce qui veut être méprisé des femmes ? Leurs suffrages, lecteurs, me sont plus chers que les vôtres ! » Comme dans la *Lettre sur les spectacles*, il loue la pudeur de la façon la plus tendre : « Quel discours charmant que la pomme de Galatée et sa fuite maladroite ! » Il juge avec raison qu'on doit mettre dans l'éducation des jeunes filles plus de bonne humeur et de gaieté : elles ne vivront pas comme les grand'mères; elles seront vives, enjouées, folâtres, pour ne pas être plus tard chagrines et maussades; elles goûteront librement les joies innocentes de leur âge; elles accompagneront leur mère dans le monde et verront tout ce qu'un œil chaste peut regarder, bal, festins, théâtre; il ne faut pas qu'une fois mariées, l'image de plaisirs inconnus vienne égarer leur cœur et troubler leur retraite. Rousseau veut prolonger dans le mariage le bonheur de l'amour, et, comme dans la *Lettre sur les spectacles*, il célèbre dignement la félicité conjugale fondée sur l'estime et la confiance, sur la convenance des caractères, sur l'éducation des enfants, qui forment entre les parents une liaison aussi douce et souvent plus forte que la passion même.

Citons encore de séduisants tableaux : la dame *à toilette* qui s'attife de midi à neuf heures pour impatienter les femmes qu'elle rassemble autour d'elle et pour éviter le tête-à-tête avec son mari; la coquette qui sait amuser plusieurs soupirants, et, en ne s'occupant que d'elle seule, faire croire à chacun qu'elle s'occupe de lui; la parfaite maîtresse de maison qui reçoit son monde et le renvoie content, qui n'oublie personne, qui cause avec son voisin et a l'œil au bout de la table.

Mais, comme toujours, les erreurs abondent. Faut-il élever la femme tout exprès pour l'homme, et ne doit-on pas d'abord l'élever pour elle-même? N'est-elle faite que pour plaire à l'homme? Ne peut-elle être lettrée et savante? Si la femme bel-esprit est un fléau, une ignorante sotte et frivole n'est-elle pas, comme dit Mme Roland, un fléau pire? Quels froids épisodes que les rencontres entre Émile et Sophie! Quels coups de théâtre péniblement amenés! Quelle subtile mise en scène! C'est après avoir longtemps erré dans les bois et les montagnes qu'Émile et son gouverneur arrivent, comme par hasard, à la maison de Sophie. Puis, les deux amants parlent de la religion et de la vertu : Émile déploie ses talents et, « maître de sa maîtresse », lui donne des leçons de danse, de philosophie, de physique. En échange, Sophie lui prête *Télémaque* qu'il n'a pas encore lu. Nouvelle Atalante, elle le défie à la course. Un jour, elle surprend Émile qui tient d'une main le ciseau, de l'autre le maillet, et achève une mortaise; elle l'imite et pousse sur la planche un rabot qui glisse et ne mord pas. Mais elle a sa revanche : elle devient infirmière, soigne une accouchée, tourne et retourne habilement un blessé. N'y a-t-il pas dans toutes ces scènes quelque chose, non de touchant, mais, comme dit Jean-Jacques, de risible?

Enfin, Rousseau prodigue les peintures sensuelles. Quel contraste entre le suave tableau de la pudeur qu'il traçait naguère et son allocution aux jeunes époux! Est-ce au précepteur à les prévenir contre la satiété? Pourquoi rappeler, avec insistance, durant les fiançailles, les « sacrifices » des deux amants et les « privations » qui les honorent à leurs propres yeux? Pourquoi dire si souvent que Sophie a besoin d'un mari et que son tempérament lui rend l'attente plus difficile ? N'est-il pas ridicule qu'elle ait été la rivale d'Eucharis et se soit, tout de bon, amourachée de Télémaque ? N'est-il pas choquant qu'elle se plaise, avant le mariage, à enflammer Émile par un « mélange exquis de réserves et de caresses », et qu'elle le provoque à courir pour étaler sa jambe fine ?

C'est que Sophie a, comme Rousseau, l'imagination déréglée. Sa vertu n'est qu'une vertu de faste et de parade, qui la rend altière, impérieuse, exigeante. Ses qualités de ménagère ne sont pas aussi solides qu'elle le dit : c'est pousser bien loin la délicatesse que de laisser tout un dîner aller par le feu, pour ne pas tacher sa manchette, et que de refuser l'inspection du jardin parce que la terre est malpropre et qu'on croit sentir l'odeur du fumier. Aussi bien, Rousseau finit par avouer qu'il s'est fourvoyé et qu'à force d'élever l'âme de Sophie, il a troublé sa raison. Elle n'a pas la notion du devoir. Émile apprend, à la veille de son mariage, qu'il ne suffit pas d'être bon, qu'il faut être vertueux et résister au cœur pour écouter la raison : l'homme qui n'est que bon se brise et périt sous le choc des passions ; l'homme vertueux « se tient dans l'ordre ». Mais Sophie n'a pas entendu cette grave leçon ; on ne lui a pas enseigné qu'elle doit commander à ses penchants et suivre l'inflexible loi de l'obligation morale. Rousseau ne dit-il pas que toutes les passions sont bonnes et légitimes, pourvu qu'on les domine ; qu'on a le droit de se livrer à elles et d'en jouir, autant qu'on les maîtrise; qu'on n'est pas coupable d'aimer la femme d'autrui, à condition de la respecter; qu'on peut accueillir les tentations, si l'on sait les vaincre? Comme si l'on faisait leur part aux envahissements de la passion! Que devient Sophie dans le roman des *Solitaires* qui continue l'*Émile*? Elle avait juré d'être chaste et honnête jusqu'à son dernier soupir : elle oublie ses serments. « Insensé, s'écrie Émile, quelle chimère as-tu poursuivie? Amour, honneur, foi, vertu, où êtes-vous? La noble, la sublime Sophie n'est qu'une infâme! »

Nul ouvrage ne fit autant de bruit que l'*Émile*. De toutes parts, on l'imita, on le corrigea, on le critiqua. La manie enseignante et pédantesque sévissait à cette époque. Les enfants furent élevés à la Jean-Jacques et livrés à la nature. Bernardin de Saint-Pierre imagina ses *Écoles de la patrie*. Mme d'Epinay, Mme Necker, Mme de Staël blâmèrent plus tard les idées de Rousseau, mais les accueillirent d'abord avec enthousiasme. Les jacobins outrèrent son plan d'éducation. « Il faut, dira Joseph Chénier, appliquer à l'instruction publique la marche que Jean-Jacques a suivie pour Émile. » Plus de corps académiques, proposera Bouquier, plus de hiérarchie pédagogique, plus de sciences futiles et d'arts frivoles; mais des hommes robustes, exercés par un métier pénible, éclairés sur leurs droits et leurs devoirs par leur famille, par les livres élémentaires, par les fêtes nationales. Le Peletier Saint-Fargeau ne veut faire que des Spartiates : les enfants ne connaîtront pas la religion avant l'âge de douze ans; ils auront une couche dure, une nourriture frugale; le travail des mains sera leur principale occupation.

Ce fut surtout en Allemagne que l'auteur d'*Émile* trouva des disciples. Kant pensait, comme lui, que la première éducation devait être négative. Basedow recommanda les leçons de choses, et montrait aux enfants un tableau qui représentait les préliminaires de l'accouchement. Pestalozzi déclara qu'il fallait allier le travail manuel à l'étude, et remplacer les livres par la nature, par les objets réels. Fræbel créa les salles d'asile, et lorsqu'il accoutumait les enfants à se mouvoir agilement, lorsqu'il exerçait et formait leurs sens, il s'inspirait des conseils de Jean-Jacques.

C'est à Rousseau que notre pédagogie a fait et fera le plus d'emprunts. Il puise à la fois dans son propre fonds et dans les écrits de ses devanciers, de Montaigne, de Bonneval, de Desessartz, du « sage » Locke, et par la foule des détails, par le nombre des sentiments élevés et des vérités utiles, par l'ampleur des développements, par la finesse des analyses psychologiques, par l'imposante grandeur de l'ensemble, l'*Émile* est, malgré des erreurs et des absurdités, non seulement le meilleur ouvrage de Rousseau, mais le livre le plus remarquable sur l'art de l'éducation.

CHAPITRE VI

« LE CONTRAT SOCIAL »

Rousseau avait tenté de refaire l'éducation de
l'homme. Il essaya d' « instituer » les peuples. Dès
son séjour à Venise, il formait le plan d'un grand
ouvrage sur les *Institutions politiques*. En 1755, il
publiait dans l'*Encyclopédie* un *Discours sur l'économie
politique* où il déclare que l'éducation des enfants
doit être soumise à des règles prescrites par le gouvernement : « L'État demeure et la famille se dis-
sout ». En 1765, il rédigeait un *Projet de constitution pour la Corse* où il posait ce principe que l'État
doit avoir tout : « La propriété de l'État sera aussi
grande, aussi forte, et celle des citoyens aussi petite,
aussi faible que possible ». En 1772, il écrivait ses
Considérations sur le gouvernement de Pologne, si
sages et si pratiques. Avec une vigoureuse éloquence
et une perspicacité singulière, il recommande aux
Polonais des institutions véritablement nationales. Il

faut, dit-il, fonder sur des habitudes indéracinables
l'amour de la patrie et imprimer aux âmes je ne sais
quoi de particulier et d'original qui distingue les
Polonais des autres peuples et les empêche de se
fondre avec l'étranger ; il faut ériger un monument à
la mémoire des confédérés de Bar, rétablir les anciens
usages, conserver l'habit national, inventer des jeux,
des fêtes, des solennités qui rappellent incessamment
la Pologne aux yeux et aux cœurs ; il faut donner à
la jeunesse une éducation civique, la rassembler dans
les mêmes collèges, la former aux exercices corpo-
rels ; il faut resserrer les limites de la République,
fût-ce au prix de cessions territoriales, pour mieux
concentrer le gouvernement ; il faut abolir le *liberum
veto*, dresser les hommes au métier des armes, se
fier en cas d'invasion à la cavalerie et « emporter
les villes sur les chevaux », assujettir à une marche
graduelle par une série d'épreuves tous les fonctionnaires ; attacher au pays les bourgeois et les
serfs, en leur ouvrant une porte pour acquérir la
noblesse et la liberté, allumer ainsi dans chaque état
le zèle ardent du bien public ; il faut exiger que les
représentants suivent exactement leurs instructions
et rendent à leurs commettants un compte sévère de
leur conduite, prendre pour roi un Polonais, et le
faire choisir par la diète d'élection sur trois noms
de palatins tirés au sort.

Le *Contrat social* est la plus importante des
œuvres politiques de Rousseau. Qu'est-ce qui fait,
dit Jean-Jacques, que l'État est un ? C'est l'union de

ses membres. Et d'où vient l'union de ses membres ?
De l'obligation qui les lie. Et quel est le fondement
de cette obligation ? Est-ce le droit du plus fort ?
Mais la puissance physique ne fait pas le droit, et
je ne suis pas en conscience obligé de donner ma
bourse au brigand qui me surprend au coin d'un bois
et braque sur moi son pistolet. Est-ce le droit
divin ? Mais Dieu veut-il qu'on préfère tel gouvernement à un autre et qu'on obéisse à Jacques plutôt
qu'à Guillaume ? Est-ce le droit paternel ? Mais dès
que sa faiblesse cesse et que mûrit sa raison, l'enfant
est le seul juge naturel de ce qui convient à sa con-
servation. Est-ce le droit d'esclavage ? Mais quoi
de plus absurde que d'aliéner sa liberté, fût-ce en
échange de sa tranquillité, comme ces Grecs enfer-
més dans l'antre du Cyclope et attendant leur tour
d'être dévorés ? Les conventions sont donc la base
de toute autorité légitime, et le vrai fondement de la
société civile, c'est le *contrat*. En vertu de ce contrat se forme une association « qui défend et protège
de toute la force commune la personne et les biens
de chaque associé et par laquelle chacun, s'unissant
à tous, n'obéit pourtant qu'à lui-même et reste aussi
libre qu'auparavant » ; chacun met en commun
toute sa puissance sous la suprême direction de la
volonté générale, et ainsi se produit un corps moral
et collectif, composé d'autant de membres que l'assemblée a de voix. Ce corps politique, c'est l'*État* ou
le *Souverain*, et les membres de ce corps, qui pren-
nent collectivement le nom de *peuple*, s'appellent en

particulier *citoyens*, comme participant à l'autorité souveraine, et *sujets*, comme soumis aux lois de l'État.

La souveraineté ou volonté générale est indivisible, inaliénable, infaillible et toujours droite. Elle agit par des lois. La loi est donc une déclaration publique et solennelle de la volonté générale sur un objet d'intérêt commun; elle perdrait toute force et cesserait d'être loi, si son objet n'importait à tous.

Mais le souverain a besoin d'un agent propre qui exécute la volonté générale, d'un autre pouvoir qui réduise la loi en actes particuliers. Ce second pouvoir est le *Gouvernement* ou corps exécutif. L'acte qui l'institue est, non pas un contrat, comme prétendent Hobbes et Locke, mais une loi; les dépositaires de la puissance exécutive sont les officiers du peuple et non ses maîtres; le peuple peut les établir et les destituer quand il lui plaît; ils ne font, dans les fonctions que l'État leur impose, qu'obéir et que remplir leurs devoirs de citoyens.

Le gouvernement revêt trois formes : la monarchie, l'aristocratie et la démocratie. Son principe consiste dans le nombre de ses membres; plus ce nombre est petit ou grand, plus le gouvernement a de force ou de faiblesse.

Quel sera le meilleur gouvernement? La monarchie? Évidemment, nul gouvernement n'a plus de vigueur; tous les ressorts sont dans la même main, tout marche au même but. Mais ce but est-il la félicité publique? Les rois veulent être absolus; ils désirent que le peuple ne puisse leur résister; ils ne donnent les grands emplois qu'aux fripons et aux intrigants.

Choisira-t-on la démocratie? Que de choses difficiles à réunir sous ce gouvernement : un territoire très petit où le peuple se rassemble aisément et où chaque citoyen connaisse tous les autres, la simplicité des mœurs, l'égalité des rangs et des fortunes, peu ou point de luxe! Encore les guerres civiles, les agitations intestines y sont-elles inévitables. « S'il y avait un peuple de dieux, il se gouvernerait démocratiquement; un gouvernement si parfait ne convient pas à des hommes. »

Reste l'aristocratie. L'aristocratie naturelle n'appartient qu'aux peuples simples. L'aristocratie héréditaire est ce qu'il y a de pire. L'aristocratie élective sera le meilleur des gouvernements; elle se composera des plus sages; on ne devra pas toujours préférer les riches, mais en général on fera bien de nommer ceux qui peuvent donner tout leur temps à l'administration des affaires publiques; ces « vénérables sénateurs » soutiendront mieux le crédit de l'État qu'une « multitude inconnue ou méprisée ».

Tel est sommairement le *Contrat social*. On a tort de chicaner Rousseau sur le titre de son œuvre et de lui demander en quel lieu et à quelle date ce contrat a été passé. Il commence son chapitre du « pacte social » par les mots *je suppose*; il étudie les lois telles qu'elles peuvent être; il a le droit d'affirmer que l'État pris en soi est une association

libre réglée par un contrat, et que le contrat est, en
principe, la condition d'une véritable société politique, « l'acte par lequel un peuple est un peuple ».

Un des premiers, il fait voir qu'il y a dans
l'homme quelque chose d'inaliénable qui ne dépend
d'aucune convention. « Renoncer à sa liberté, c'est
renoncer à sa qualité d'homme, aux droits de l'humanité, même à ses devoirs. »

Il trouve que le plus grand bien de tous se réduit
à deux objets principaux : la *liberté* et l'*égalité*.

Il cherche sincèrement à rendre les personnes
privées indépendantes de la personne publique, à
bien distinguer les droits respectifs des citoyens et
du souverain, à montrer que si les citoyens ont des
devoirs en qualité de *sujets*, ils doivent jouir du
droit naturel en qualité d'*hommes*.

Il fixe le sens des mots *souverain* et *gouvernement*,
et il établit cette vérité que Turgot nommait lumi-
neuse : de même que toute action libre a deux
causes qui concourent à la produire, la volonté et
la force, de même le corps politique a deux mobiles,
la puissance législative et la puissance exécutive.

Il écrit, à propos du meilleur des gouvernements,
que la question est insoluble ou mieux qu' « elle a
autant de solutions qu'il y a de combinaisons possibles dans les positions absolues et relatives des
peuples » : on doit tenir compte de la multitude des
circonstances ; chacune des formes de gouvernement
est en certains cas la meilleure, et en d'autres la
pire.

Il bâtit sur un fondement solide sa théorie de la loi : « Il faut des conventions pour unir les droits aux devoirs et ramener la justice à son objet ». Il met la loi au-dessus des hommes : « Devant elle, chaque citoyen tremble, le roi tout le premier » et il la définit, quelle que soit la forme de l'État, l'*expression de la volonté générale*.

Et la volonté générale, c'est le vrai souverain. Rousseau a pour jamais démontré qu'un peuple s'appartient à lui-même et dispose de son destin. Il marque même, sans se douter de la sagesse de ses vues, les limites nécessaires de cette souveraineté qu'il proclame omnipotente. La volonté générale, écrit-il, s'applique à tous et ne prononce ni sur un homme, ni sur un fait; le peuple ne doit pas nommer ou casser ses chefs, honorer l'un, punir l'autre, et par des décrets particuliers exercer indistinctement tous les actes du gouvernement; il est souverain; il n'est ni gouvernement ni magistrat. Et de la sorte, Rousseau réduit, diminue inconsciemment la souveraineté populaire, et introduit dans son *Contrat social* la doctrine du libéralisme.

Mais il n'a pas un système net, arrêté; ses idées ne forment pas un faisceau; elles s'enchevêtrent, s'embarrassent et se combattent. On a prouvé qu'en écrivant le *Contrat*, il remaniait une rédaction antérieure et qu'il la remania maladroitement, avec l'intention de se faire le Spinoza de la science sociale et de donner à son œuvre une précision mathématique. Mais le lecteur n'a cure des brouillons et du premier jet; il ne connaît que le texte définitif, et il y rencontre des obscurités, des contradictions, des incohérences. Rousseau ne disait-il pas dans un accès de franchise : « Ceux qui se vantent d'entendre le *Contrat* tout entier, sont plus habiles que moi »?

C'est ainsi qu'après avoir fondé la volonté générale sur l'*unanimité* des suffrages, il passe à d'autres sujets, pour donner le change au lecteur, et soudain affirme que tous les caractères de la volonté générale se trouvent dans la *pluralité*.

C'est ainsi qu'il ne distingue les différents régimes que par la constitution du *gouvernement* ou de la puissance exécutive.

C'est ainsi qu'il dit que le contrat est l'*aliénation totale* de chaque associé, avec tous ses droits, à la communauté. Mais n'assurait-il pas précédemment que ni un homme ni un peuple ne peuvent s'aliéner? Il ajoute, à la vérité, que tous se sacrifient pareillement; que nul n'a intérêt de rendre onéreuse aux autres une condition égale pour tous; que chacun, se donnant à tous et ne se donnant à personne, acquiert sur les autres le même droit qu'il leur cède sur soi. Mais l'esclavage universel me soustrait-il à mon propre esclavage? Des hommes ne pourront-ils se mettre à la place de la communauté et par cette aliénation de tous, faite librement et sans réserve, légitimer la tyrannie? Est-ce d'ailleurs, suivant les mots de Rousseau, gagner l'équivalent de ce qu'on perd que de recevoir, comme partie du tout, la personne, les biens et les droits de chaque associé? Cet équivalent n'existe pas, puisqu'on donne tout et n'obtient en échange qu'une parcelle infinitésimale de puissance. Enfin, l'aliénation de tous à tous peut-elle exister? L'État n'est-il pas, selon l'expression d'un ancien, une collection d'individus spécifiquement différents, et non une unité absolue?

La théorie de l'autorité entière, irresponsable du souverain donne prise à d'aussi graves objections. Le souverain, dit Rousseau, n'a pas d'intérêt contraire à l'intérêt des particuliers qui le constituent; il peut donc enfreindre la loi qu'il s'impose; il n'est lié par aucune loi fondamentale, pas même par le contrat. Mais la volonté populaire fait-elle la justice? Que le peuple le veuille ou non, certaines lois fondamentales ne sont-elles pas obligatoires? Rousseau demande que tout possesseur soit considéré comme dépositaire du bien public : d'après lui, l'État est, en vertu du contrat social, maître de tous les biens; il ne dépouille pas les particuliers, il leur assure la légitime possession de ce qu'ils ont, il change leur *usurpation* en propriété. Mais le terrain qu'on possède par le travail et la culture est-il une usurpation? L'État peut-il se prétendre le maître du sol que j'ai occupé le premier et conquis par mon labeur? Il ne crée pas la propriété, il ne fait que la garantir.

Autre exagération. Suivant Rousseau, lorsque le peuple s'assemble en corps souverain, la puissance exécutive est suspendue, et la personne du dernier

citoyen est aussi sacrée et inviolable que celle du
premier magistrat, parce qu'il n'y a plus de représen-
tant là où se trouve le représenté. Mais l'auteur ne
se contredit-il pas? Convoquer le *souverain*, ce n'est
point suspendre l'action du *gouvernement*, qui est
supérieur à chacun des sujets en particulier. A ce
compte, s'écriait Voltaire, « une assemblée du peuple
serait une invitation solennelle au crime ».

Jean-Jacques est évidemment hanté par les souvenirs des républiques anciennes. Une assemblée
de représentants lui paraît une institution féodale,
digne d'un gouvernement inique et absurde : pas de
députés ; la souveraineté ou volonté générale ne peut
être représentée ; elle est la même ou elle est autre :
il n'y a point de milieu. Les députés du peuple ne
sont que ses commissaires ; ils ne concluent rien
définitivement ; toute loi sera nulle si le peuple en
personne ne l'a pas ratifiée. Dès qu'un peuple a des
représentants, il n'est plus libre, ou mieux encore,
il n'est plus, et Rousseau assure que le peuple anglais
n'est libre que pendant l'élection du Parlement, et
qu'ensuite il redevient esclave, puisque la cour
achète les députés pour une durée de sept ans! Il
semble même, à cette occasion, justifier l'esclavage
qui donnait aux anciens le loisir de s'assembler sur
la place et de vaquer aux affaires publiques : « Il y
a telles positions malheureuses où l'on ne peut
conserver sa liberté qu'aux dépens de celle d'autrui, et où le citoyen ne peut être parfaitement
libre que l'esclave ne soit extrêmement esclave. »

Les planteurs du Sud devaient se servir de cet argument.

Le dernier chapitre du *Contrat* traite de la religion. Rousseau l'abandonne encore au souverain. Sans doute, dit-il, le droit du souverain sur les sujets ne passe pas les bornes de l'utilité publique; sans doute les sujets ne lui doivent compte que des opinions qui importent à la communauté; sans doute nous pouvons penser comme il nous plaît sur l'autre monde, où il n'a point de compétence. Mais le souverain fixera les articles d'une religion civile : existence de Dieu, vie future, bonheur des justes, châtiment des méchants, sainteté du contrat social et des lois; il les fixera « comme sentiments de sociabilité » sans lesquels on ne sera ni bon citoyen ni sujet fidèle; il bannira quiconque ne croira pas à ces dogmes positifs; il *punira de mort* ceux qui ne se conduiront pas suivant ces mêmes dogmes, car ils auront menti devant les lois et commis le plus grand des crimes! C'est proclamer l'intolérance et rétablir l'Inquisition. Mais Voltaire ne disait-il pas que le prince doit être maître absolu de toute police ecclésiastique et empêcher les disputes sur le dogme? Mably ne demandait-il pas la prison perpétuelle contre les athées?

Bref, Rousseau donne à l'État un pouvoir illimité; il lui attribue l'origine du droit de propriété et de tous les droits; il lui livre tout, les personnes et les biens. Il ne fait, à vrai dire, que suivre l'opinion de ses devanciers, d'Aristote, de Platon, de Hobbes,

de Spinoza, de Bossuet, et il n'exige de chaque
particulier qu'une aliénation provisoire de ses droits,
et cela, dans l'intérêt de la liberté même. Mais l'État,
le souverain, qu'est-ce autre chose dans le système
de Rousseau que Sa Majesté tout le monde? Le
régime qu'il établit, qu'est-ce autre chose que le pur
gouvernement direct, la tyrannie de la multitude, ce
despote des despotes qui ne connaît pas de frein,
qui n'a d'autre règle que son caprice, qui se permet
tout et peut tout se permettre parce qu'il n'est
pas responsable? Quelles que soient les atténua-
tions, les corrections, les restrictions de Rousseau,
l'individu n'a plus de droits qu'il puisse revendi-
quer légitimement; la majorité, la *volonté générale*
impose à chacun la loi civile, politique et religieuse;
elle envahit tout, décide tout, gouverne tout, même
la conscience.

Le *Contrat social* n'a pas d'ailleurs une grande
originalité. On a dit justement que c'était Hobbes
retourné, et Rousseau s'inspire souvent de Locke et
de Montesquieu. Il se défend d'emprunter quoi que
ce soit à l'*Esprit des Lois*, et c'est là pourtant qu'il
a pris sa distinction du souverain et du gouvernement.

Mais le *Contrat social* offre surtout la marque
de l'influence protestante et genevoise. Dans le chapitre de la religion civile, Rousseau se souvient des
Ordonnances de l'Église de Genève qui portent que
le peuple commande de suivre et de garder en sa
ville et territoire la police ecclésiastique et que tout

citoyen qui refuse de prendre part aux actes du
culte peut être banni. C'est à Genève et à ses core-
ligionnaires protestants qu'il emprunte l'idée de la
souveraineté du peuple. Non qu'il ait eu besoin de
remonter jusqu'à la charte de 1387 octroyée aux
Genevois par l'évêque Adhémar Fabri. Mais le principe de la souveraineté populaire était proclamé
depuis longtemps à Genève. L'acte de médiation
voté en 1738 reconnaissait au Conseil Général le
pouvoir d'agréer ou de rejeter les lois et les traités.
Burlamaqui écrivait en 1751 que la souveraineté
réside dans le peuple. Et avant Burlamaqui, Jurieu
ne prouvait-il pas qu'un contrat lie les sujets au
souverain, et qu'ils sont dégagés si le souverain viole
ce contrat?

Au reste, Jean-Jacques donne la préférence au
gouvernement de son pays et il propose sa patrie en
exemple à l'Europe. Il aime les petits États comme
Genève; ils lui paraissent proportionnellement plus
forts que les grands; eux seuls n'admettent pas
le système représentatif; eux seuls conservent au
souverain l'exercice de ses droits; les chefs y voient
les choses par eux-mêmes, et leurs ordres s'exé-
cutent sous leurs yeux. C'est à Genève qu'il pense
en écrivant le *Contrat social*; mais la Genève qu'il
glorifie est la Genève primitive, dépouillée de ses
préjugés, des abus de son oligarchie, et il met la
Genève actuelle en garde contre les dangers qu'il
redoute; il recommande le renouvellement pério-
dique du pacte social; il veut que le peuple, réuni

en assemblée plénière et manifestant la volonté générale, use plus fréquemment de la souveraineté ; et de
là naquit l'irritation du Petit Conseil.

C'est pourquoi le *Contrat social* est en désaccord
avec l'œuvre entière de Jean-Jacques. Tout au plus
peut-on dire que Rousseau essaie de revenir à l'état
naturel en substituant la loi à l'homme, en armant
les volontés générales d'une force réelle supérieure
à l'action de toute volonté particulière, en donnant
aux lois des nations un peu de l'inflexibilité des lois
de la nature. Mais le *Contrat* ne se rattache aucune-
ment, sinon par la première phrase, au « grand
principe » de Rousseau ; loin d'affranchir l'homme
du joug de l'invention sociale, il rend cette servitude plus dure et plus pesante : Jean-Jacques a,
cette fois, juré sur la parole de ses maîtres, les protestants genevois.

Ce fut pourtant en France, et non à Genève, que
le *Contrat social* exerça l'influence la plus considé-
rable. Ce livre, d'abord défendu, se vendit bientôt à
Paris pour un petit écu. Camille Desmoulins dit
qu'il est dans toutes les mains ; Marat le commente
sur les promenades ; les clercs de la basoche, les
avocats, les publicistes le citent sans cesse ; les pro-
fesseurs de droit le donnent en guise de manuel à
leurs élèves. Ceux qu'ennuie sa géométrie répètent
la maxime hardie du début : « L'homme est né libre,
et partout il est dans les fers ». Le *Contrat social*,
rapporte Mallet-du-Pan, a été le Coran des révolutionnaires. Il fut, dit Mercier, le levier dont on se

servit pour soulever et renverser le colosse du despotisme. Le tiers état l'invoque lorsqu'il revendique le pouvoir : il sait qu'il a le nombre et par suite le droit, qu'il est, non pas un ordre, mais le peuple, qu'il est tout, comme dit Sieyès, en formulant le principe même du *Contrat social*. Rousseau n'avait-il pas exprimé la théorie du vote par tête? « Il importe que chaque citoyen n'opine que d'après lui. »

Il est donc l'oracle de la Constituante. Les orateurs débitent les axiomes du *Contrat social*, et lorsque l'assemblée adopte la déclaration des droits de l'homme et du citoyen, elle proclame ce que Rousseau proclamait avant elle : que les hommes sont libres et égaux en droits, que le principe de la souveraineté réside dans la nation, que la loi est l'expression de la volonté générale.

Rousseau est, en effet, un homme de 1789, et non de 1793. Il réprouve les révolutions violentes. A l'idée de la « commotion des masses énormes qui composent la monarchie française », il se prend à trembler. Il conseille de ne pas ébranler trop brusquement la machine, de ne toucher aux choses qu'avec une extrême circonspection, de corriger simplement les abus. Il s'élève à l'avance contre le jacobinisme : « Il n'y a plus de volonté générale quand une des associations partielles est si grande qu'elle l'emporte sur toutes les autres ». Il pressent les excès du gouvernement de la multitude : « La volonté générale est toujours droite ; mais le juge-

ment qui la guide, n'est pas toujours éclairé ». Il
oppose la bourgeoisie, « cette partie la plus saine
de la république », à « la populace abrutie, stupide,
abjecte, ameutée par des brouillons, faite pour se
vendre, qui aime mieux du pain que la liberté ». Il
flétrit une Terreur : sacrifier un innocent au salut
de la multitude, écrivait-il, est une des plus exé-
crables maximes de la tyrannie, et ceux qui la prati-
quent réduisent l'Etat à « un petit nombre d'hommes
qui ne sont pas le peuple, mais les officiers du peuple,
et qui, s'étant obligés à périr pour son salut, prétendent prouver par là que c'est à lui de périr pour
le leur ». Il sait que l'anarchie populaire aboutit au
despotisme ; le peuple prendrait, dit-il, la licence
effrénée pour la liberté, et la révolution le livrerait
à « un séducteur qui ne ferait qu'aggraver ses chaînes ». Aussi Chateaubriand assurait-il que Rousseau, plus que tout autre, condamnait les terro-
ristes ; Lally, qu'il serait mort de douleur dès le
second mois de la Révolution ; Buzot, qu'il aurait
partagé le sort des Girondins ; Dusaulx, qu'il eût
provoqué les bourreaux pour obtenir la palme du
martyre ; Duhem, qu'il était aristocrate et homme à
guillotiner.

Mais si les uns ne voyaient dans le *Contrat social*
que la légitimité de la monarchie et de la plus pure
aristocratie, les autres y découvrirent le code de la
démocratie ; ils déclarèrent avec Joseph Chénier
que Rousseau avait trouvé les titres égarés de la
liberté primitive, et lorsque les restes de Jean-Jac-

ques furent transférés au Panthéon, la Convention était précédée du *Contrat social*, ce « phare des législateurs ». Ce qu'il y avait de plus clair dans le livre, c'était le dogme de la souveraineté populaire. « On explique à son gré les écrits de Rousseau, rapporte un poète du temps, et l'on croit tout dit par ces grands mots *c'est la volonté générale.* » Les jacobins opposèrent aux droits du gouvernement le droit supérieur et inaliénable du peuple : le gouvernement, répétaient-ils avec Jean-Jacques, était l'ouvrage et la propriété du peuple ; les fonctionnaires n'étaient que les commis du peuple ; les députés n'étaient que les commissaires du peuple. Or le peuple, c'était le club. Tout jacobin se regarda comme membre du souverain, et Chalier disait aux clubistes de Lyon, comme Billaud-Varennes aux égorgeurs de Paris : « Vous êtes rois et plus que rois ; ne sentez-vous pas la souveraineté qui circule dans vos veines ? » Ainsi se firent les coups de force. Au nom des doctrines de Rousseau, les jacobins accusèrent l'Assemblée d'usurpations : elle leur manquait de respect, elle se jouait de la majesté nationale. « Comme l'a dit Jean-Jacques, s'exprimait un orateur du faubourg Saint-Antoine à la veille du 20 Juin, lorsque les représentants repoussent la voix des représentés, ceux-ci ne dépendent plus que de leur propre volonté. » Ainsi furent excusés les meurtres, les jacqueries ; le peuple avait « légitimé l'insurrection ». Ainsi furent absous les massacres de Septembre : « Quand une société ou la majorité veut une chose, elle est juste ; la minorité est toujours coupable, eût-elle raison moralement ». Et lorsque Louis XVI monta sur l'échafaud, « la nation, disait-on, a-t-elle pu le juger, l'exécuter ? La nation peut tout chez elle. » Le programme entier des jacobins est tiré du *Contrat social*. Suivant eux, ce que l'individu possède est une portion de la chose publique, et il n'en jouit que par octroi ; l'État est l'universel propriétaire et met sa main sur tout. Qu'importent les protestations ? « Quiconque refusera d'obéir à la volonté générale, lisait-on dans le *Contrat social*, y sera contraint par tout le corps ; *on le forcera d'être libre.* »

La doctrine du *Contrat social* a donc consacré les violences de la Révolution. Mais Rousseau n'eût-il pas renié ceux qui se disaient ses disciples ?

CHAPITRE VII

LA RELIGION

Enfant de Genève, Rousseau était profondément religieux. Lorsqu'il devint catholique, il s'attacha sincèrement à sa nouvelle confession. Il attestait par un certificat que l'intercession de l'évêque Bernex avait arrêté les progrès d'un incendie. Dans son testament de 1737, il recommandait de faire dire des messes pour le repos de son âme. Les relations qu'il eut à Lyon avec des libres penseurs affaiblirent sa foi, et lorsqu'il vint à Paris, il s'engagea publiquement dans le parti des philosophes. Mais, au fond du cœur, il restait fidèle à ce déisme que Mme de Warens lui avait enseigné et qui respire dans ses prières des Charmettes. Insensiblement il se sépara des encyclopédistes, de la « coterie holbachique », de la « tourbe philosophesque ». En 1751, dans un dîner chez Mlle Quinault, il menaçait les convives de sortir s'ils disaient un mot de plus en faveur de l'athéisme. Il redevint protestant, mais il garda, suivant son expression, l'essentiel de la religion. Il défendit la Providence contre Voltaire, et affirma que les subtilités de la métaphysique ne le feraient pas douter un seul instant de l'immortalité de l'âme.

La *Nouvelle Héloïse* proclama l'existence de Dieu. Rousseau plaignait l'incrédule Wolmar qui porte en lui-même « l'affreuse paix des méchants », et lui opposait Julie d'Etange. Julie est une pieuse protestante. Elle prie Dieu avec ferveur ; elle lui demande la conversion de son mari, lui demande la lumière et la force. Mais Julie ne passe pas sa vie en oraisons ; avant tout, dit-elle, il faut faire ce qu'on doit, et ensuite prier quand on le peut. Le Dieu qu'elle adore est un Dieu juste et clément ; il ne punira pas Wolmar, puisque Wolmar, malgré son athéisme, pratique la vertu ; il juge la foi par les œuvres et c'est croire en lui que d'être homme de bien. Néanmoins c'est Saint-Preux qui représente dans l'*Héloïse* les véritables opinions de Rousseau. « Seriez-vous chrétien ? » lui dit Wolmar. « Je m'efforce de l'être, répond Saint-Preux, je crois de la religion tout ce que je puis comprendre et respecte le reste sans le rejeter. »

Ces mots de Saint-Preux trouvèrent un admirable commentaire dans la *Profession de foi du vicaire savoyard*. A quelle secte faut-il agréger Émile ? Rousseau cède la parole à un vicaire qu'il aurait connu à l'hospice du Spirito Santo. Mais, en réalité, deux personnes lui ont fourni les traits du vicaire :

l'une qu'il vit à Turin, l'abbé Gaime, précepteur des enfants du comte de Mellarède; l'autre dont il fut l'élève au séminaire d'Annecy, l'abbé Gâtier.

Un matin, à la pointe du jour, le vicaire entraîne Jean-Jacques hors de Turin, sur la haute colline du *Monte*, au-dessous de laquelle passe le Pô, et là, à la vue du fleuve qui court à travers une contrée fertile, devant l'immense chaîne des Alpes qui dans l'éloignement couronne le paysage, tandis que les rayons du soleil levant rasent les plaines, projettent par longues ombres sur la campagne les arbres, les maisons, les coteaux et enrichissent ainsi de mille accidents de lumière l'un des plus magnifiques tableaux qui puissent frapper le regard, au milieu des splendeurs de la nature qui répondent merveilleusement aux splendeurs de la pensée, il expose sa philosophie religieuse; on dirait le divin Orphée qui chante les premiers hymnes et apprend aux hommes le culte des dieux.

Le vicaire consulte la lumière intérieure, reconnaît qu'il existe et nomme *matière* tout ce qu'il sent hors de lui. Or la matière reçoit et communique le mouvement, et ne le produit pas : il croit donc — et c'est son premier dogme — qu'une volonté meut l'univers et anime la nature. Mais l'univers se meut suivant certaines lois : il y a par conséquent une intelligence, un Dieu; — c'est le deuxième article de foi du vicaire. Et quel est le rang de l'homme dans l'ordre des choses? Rien de meilleur que son espèce, et pourtant le mal existe : si la nature n'offre qu'harmonie et proportion, le genre humain ne présente que confusion et désordre; si les animaux sont heureux, leur roi est misérable. C'est qu'il y a dans l'homme deux principes distincts : l'un qui l'élève à l'étude des vérités éternelles, et l'autre qui l'asservit à l'empire des sens; mais il est libre dans ses actions et, comme tel, animé d'une substance immatérielle — voilà le troisième dogme du vicaire. Oui, l'homme est libre; la Providence l'a mis en état de faire le bien ou le mal par son propre choix; mais elle a tellement limité ses forces qu'il ne peut, en abusant de sa liberté, troubler l'ordre général ni rien changer au système du monde. Et reprenant sa thèse favorite, Rousseau montre que l'auteur du mal, c'est l'homme. « Le mal particulier n'est que dans le sentiment de l'être qui souffre, et ce sentiment, l'homme ne l'a point reçu de la nature, il se l'est donné; ôtez nos funestes progrès, ôtez nos amours et nos vices, ôtez l'ouvrage de l'homme, et tout est bien. » Vainement on objecte la prospérité du méchant et l'oppression du juste. Dieu doit-il décerner la récompense aux mortels impatients avant qu'ils l'aient méritée? Les vainqueurs sont-ils couronnés dans la lice même, ou après qu'ils l'ont parcourue? Le salaire ne suit-il pas le travail? Les bons qui ont souffert dans cette vie, seront donc dédommagés dans l'autre; l'âme est immortelle et survit au corps « pour le maintien de l'ordre ». En attendant, il faut écouter la conscience et la suivre. Elle est à l'âme ce que l'instinct est au corps. D'où viennent notre amour du bien et notre

haine du mal? Pourquoi voudrais-je être Caton qui
déchire ses entrailles plutôt que César triomphant?
Pourquoi ai-je de Catilina la même horreur que s'il
était mon contemporain? Qui n'entendit jamais la
voix importune du remords? Il y a, en effet, « au fond
des âmes un principe inné de justice et de vertu, sur
lequel nous jugeons les actions comme bonnes ou
mauvaises, et ce principe, c'est la conscience. Conscience! conscience! s'écrie Rousseau, instinct
divin, immortelle et céleste voix, guide assuré d'un
être ignorant et borné, intelligent et libre, juge
infaillible du bien et du mal, qui rends l'homme semblable à Dieu! »

Ainsi s'exprime le vicaire. Son auditeur ne lui
fait aucune objection, mais il lui pose des questions
sur la révélation, l'Écriture et les dogmes. Faut-il,
lui répond le vicaire, une autre religion que la religion naturelle? Dieu ne demande d'autre culte que
celui du cœur; il ne veut être adoré qu'en esprit
et en vérité; il ne se soucie ni de l'habit du prêtre,
ni de mots, ni de gestes, ni de génuflexions; le culte
extérieur est purement une « affaire de police ». Que
de sectes règnent sur la terre! Et chacune prétend
être la bonne et la véritable! Et chacune assure que
Dieu parle par sa bouche; chacune apporte des preuves d'un ordre surnaturel, des prophéties, des prodiges, des miracles! Comme si de pareilles preuves ne
souffraient pas de réplique! Comme si les prophéties et les miracles faisaient autorité! Comme si
tout ce surnaturel ne se réduisait pas à des témoi-

gnages humains toujours contestables ! Abonder
dans son sens, c'est aboutir à l'absurdité. Il faut
fermer les livres et n'adorer Dieu que dans le livre
de la nature. Certes l'Évangile est sublime, et si
la vie et la mort de Socrate sont d'un sage, la vie et
la mort de Jésus sont d'un Dieu. Mais ne trouvons-
nous pas dans ce même Évangile des choses incroya-
bles qui répugnent à la raison et que tout homme
sensé ne peut concevoir ni admettre ? Donc restons
modestes et circonspects ; gardons une sorte de scep-
ticisme sur les points qui ne sont pas d'une grande
conséquence ; servons Dieu simplement, sincèrement, sans nous occuper des dogmes ; « un cœur
juste est le vrai temple de la Divinité ; en tout pays,
et dans toute secte, aimer Dieu par-dessus tout et
son prochain comme soi-même, est le sommaire de
la loi ; il n'y a pas de religion qui dispense des
devoirs de la morale et il n'y a de vraiment essentiels que ceux-là ».

La *Profession de foi* est peut-être le meilleur morceau que Jean-Jacques ait écrit. Il se borne à développer les arguments de Platon, de Descartes, de
Port-Royal, de Fénelon, de Leibniz, de l' « illus-
tre » Clarke. Mais, par une éloquence à la fois étu-
diée et brûlante, par une dialectique vigoureuse,
par une forme parfaite, il marque d'un cachet original les idées qu'il exprime, et il les rend siennes.
Tout ce qu'il y a chez lui de noble et de généreux
vit et respire dans le programme du vicaire : l'enthousiasme de la vertu, l'horreur sincère du mal,

l'ardeur inquiète d'une âme qui cherche le bonheur, et sa tranquillité, lorsque, revenue de ses illusions, elle admire l'ordre de l'univers. Encadrée dans une des scènes les plus grandioses de la nature, la pensée de cet humble ecclésiastique s'élève, atteint à une sereine majesté, et l'on croirait entendre Socrate au bord de l'Ilissus ou Platon au cap Sunium, si l'on ne sentait encore au fond de son âme un dernier frémissement de passions orageuses et si quelques accents de tristesse ne nous faisaient souvenir de l'instabilité des choses humaines et des angoisses d'un siècle qui doit finir par un bouleversement.

Comme toujours, Rousseau en appelle au sentiment, à ce sentiment intérieur sans lequel il ne resterait bientôt plus de traces de la vérité sur la terre. Le sentiment est plus irrésistible que l'évidence même; il confond les philosophes; il brave les arguments de l'école; la langue qu'il parle est si forte, qu'elle dit plus et en apprend plus que toutes les raisons probantes. La conscience que l'homme a de sa dignité, la gratitude dont il est pénétré pour l'auteur de son espèce, l'attendrissement que lui inspirent les bienfaits de la divinité, l'impression agréable que lui laisse une action vertueuse, les transports où le jette tout ce qui est héroïque, les douceurs de l'amitié, cet amour du beau qui charme et enchante la vie, voilà les témoins dont Jean-Jacques invoque la chaude adhésion et la touchante puissance; voilà sa preuve, la plus persuasive de toutes, cette « preuve du sentiment, la seule qui rend les autres invincibles »! C'est le cœur en effet qui sent et reconnaît le libre arbitre, la morale, l'existence future, et il sent ces vérités vivement, profondément; il s'attache à elles comme à son bien suprême et sacré; les lui ôter, c'est le glacer à jamais, le priver de toute jouissance et de toute palpitation délicieuse; celui qui n'a plus ces croyances est déjà mort. Rousseau n'a pas besoin de raisonnement pour démontrer Dieu. Il lui suffit de regarder autour de lui. Le monde pourrait-il être une combinaison fortuite où rien ne serait lié que par une force aveugle? Cette brillante parure qu'étale la terre ne serait pas l'ouvrage et le don d'un Créateur? Dans cette grande harmonie des choses où Dieu parle d'une voix si douce, on n'entendrait qu'un silence éternel! Rousseau voit Dieu partout, et il semble quelquefois glisser vers le panthéisme; il aime, dit-il, à se fondre dans le système des êtres et à se jeter tête baissée dans le vaste océan de l'univers. Mais il ne fait en réalité que mêler de la façon la plus originale le sentiment de la nature au sentiment religieux, et Dieu reste vraiment à ses yeux l'auteur des merveilles qu'il admire. Quelle différence entre le Dieu de Rousseau et celui de Voltaire! Le Dieu de Voltaire existe, puisqu'il faudrait l'inventer; mais ce Dieu vague et froid n'existe que pour ne pas découronner l'édifice, et il n'est « rémunérateur et vengeur » que pour tenir en bride la canaille. Le Dieu de Rousseau est le Dieu d'un Genevois, d'un protestant nourri de la Bible : c'est le grand être, personnel et vivant, dispensateur de tous les biens et garant de toute justice ; c'est un père, un Dieu de paix et de bonté ; Jean-Jacques se sent avec ravissement accablé de sa grandeur ; il le remercie de ses grâces ; il se prosterne devant lui ; il ne le prie pas, mais l'émotion, l'élévation du cœur, l'aveu de la faiblesse humaine lui paraissent un plus digne hommage que des vœux intéressés.

La *Lettre à Christophe de Beaumont* accentue et précise ce déisme de Rousseau. Il dit nettement à l'archevêque que le vrai chrétien laisse de côté les arguties et les « galimatias dont les pharisiens embrouillent nos devoirs et offusquent notre foi », qu'il met avec saint Paul la foi même au-dessous de la charité, que quiconque est humain et miséricordieux en croit assez pour être sauvé. Imaginez que les hommes de sens, chrétiens, juifs, turcs, à l'exclusion des théologiens, se réunissent en un congrès qui termine toutes les querelles et convienne d'une religion universelle. Quelle résolution prendra cette assemblée ? Le premier article sera sans doute conçu de la façon suivante : les hommes sont frères et doivent s'aimer comme tels ; — le deuxième : ils ont un père commun, créateur du ciel et de la terre ; — le troisième : l'homme se compose de deux substances, dont l'une est mortelle et l'autre immortelle. Ces trois articles ne peuvent-ils former la religion de tous ? Pourquoi chicaner sur le reste qui n'importe guère ? Pourquoi, comme M. de Beaumont, admettre

la révélation ? Faut-il des intermédiaires entre Dieu
et moi ? Pourquoi, comme M. de Beaumont, s'incliner
devant les miracles ? Plutôt croire à la magie que de
reconnaître la voix de Dieu dans des leçons contre
la raison ! Pourquoi, comme M. de Beaumont,
déclarer une seule Église infaillible ? Ou bien cette
Église donne comme loi sa propre autorité, et elle
tombe dans un cercle vicieux ; ou bien elle déploie
un grand appareil de preuves pour montrer qu'elle
a reçu de Dieu l'autorité, et le peuple, incapable
d'examiner ces preuves, s'en rapporte à elle ; mais
dès lors chacun ne doit-il pas garder sa croyance,
dans quelque religion qu'il naisse, et en quoi le Turc
serait-il plus coupable que nous ?

Le ton des *Lettres de la Montagne* est plus résolu,
plus agressif encore. Echauffé par l'ardeur de la lutte,
Rousseau soutient qu'il a posé les vrais principes
de la religion. Prenons que des chrétiens adoptent
la *Profession de foi* dans un coin du monde. En quoi
seront-ils différents des autres ? Ils reconnaîtront
l'autorité de Jésus-Christ parce que leur intelligence
acquiescera à ses préceptes sublimes ; ils admettront
les enseignements qu'il a donnés parce qu'ils les
jugent utiles et nécessaires ; ils regarderont l'Évangile comme sa parole et sa vie, en avouant que
beaucoup de choses passent leur raison et la cho-
quent ; mais sans les répudier, et en respectant ce
qu'ils ne peuvent concevoir ; leur religion, simple,
dégagée des rites superstitieux et des subtilités de

doctrine, ira tout entière à son vrai but qui est la pratique de nos devoirs; « les mots *dévot* et *orthodoxe* seront sans usage; la monotonie de certains sons articulés ne sera pas la piété; il n'y aura d'impies que les méchants, ni de fidèles que les gens de bien ». Une telle conduite n'est-elle pas irréprochable?

Mais Rousseau va plus loin. Avec une ironie légère et une verve sarcastique, toute voltairienne, il s'attaque aux miracles. Josué, dit-il, arrêtait le soleil : un auteur d'almanachs le fait éclipser. Le paysan hollandais allume sa chandelle avec son couteau. Les Européens, munis de leurs arts, passent pour des dieux parmi les barbares. Un homme armé de l'électricité eût été, au siècle dernier, brûlé comme sorcier, ou suivi comme prophète.

Enfin, Rousseau estime que le fondateur du christianisme est le plus sage et le plus aimable des mortels; il vante la douceur de ses mœurs, sa simplicité, sa facilité, sa grâce, son élégance : « Jésus avait le cœur sensible; il était homme de bonne société; il ne fuyait ni les plaisirs ni les fêtes; il allait aux noces, il voyait les femmes, il jouait avec les enfants, il aimait les parfums, il mangeait chez les financiers; son austérité n'était point factieuse ». Mais Rousseau nie absolument la divinité de Jésus.

C'est ainsi que Jean-Jacques combattait les dévots. Quelques-uns l'approuvèrent un instant. Montclar applaudissait au grand écrivain qui professait ouvertement sa croyance en un siècle d'athéisme et se portait pour le défenseur de la cause de Dieu. Jacob Vernet s'écriait avec Tertullien : « O témoignage d'une âme naturellement chrétienne! » et affirmait qu'il ne verrait jamais dans Rousseau un contempteur de la religion. Vernes le félicitait d'adorer Dieu avec cette simplicité, cette pureté. Mais la plupart étaient scandalisés du rôle de ce vicaire savoyard qui se disait chrétien de cœur, non de doctrine, et qui réclamait ce nom sans avoir la foi. Vainement le vicaire souhaite de devenir curé et « ministre de bonté », de partager la pauvreté de ses paroissiens, de répandre parmi eux l'esprit de concorde et d'égalité. Était-il loyal de présenter aux lecteurs un prêtre qui niait les dogmes révélés? Moultou, Vernes, d'autres encore reprochaient à Rousseau de fournir des armes aux ennemis de la religion et de troubler les cœurs les plus fervents par ses « difficultés » sur le christianisme. Bonnet a dit le mot juste : « Il élève jusqu'aux nues la morale de l'Evangile, pour faire plus à son aise main basse sur les prophéties et les miracles qu'il met à néant ».

Comme les dévots, les philosophes se tournèrent contre Jean-Jacques. Il apostrophait durement Helvétius : « Ta triste philosophie te rend semblable aux bêtes! » Il s'élevait contre les sceptiques et les fanfarons d'impiété qui semaient de « désolantes doctrines ». Il soutenait que l'esprit philosophique avilit les âmes, et « sape à petit bruit les vrais fondements de la société ». Il faisait l'éloge de Jésus-

Christ. Voltaire, indigné, déclara que le *Vicaire* méritait tous les châtiments possibles, et il écrivit en marge de l'*Émile* qu'Épictète, Confucius, Pythagore avaient enseigné la même morale que Jésus, et que ce sage qui, suivant Rousseau, était mort sans faiblesse, avait eu des sueurs de sang.

Jean-Jacques fut donc seul de son parti, et pour s'être mis entre les deux camps, il ne recueillit de l'un et de l'autre que des injures. Mais sa religion devait être celle des hommes de la Révolution. Brissot assure que le vicaire savoyard lui « fit tomber le bandeau des yeux ». Les Girondins professent le culte de la conscience proclamé par Jean-Jacques. Robespierre, fanatique de Rousseau, rêvant, comme lui, le règne de la vertu, dénonçant, comme lui, les complots des « méchants », c'est-à-dire de ses adversaires, désireux, comme lui, de moraliser le monde, Robespierre transforme la religion du vicaire savoyard en religion d'État. Il accuse l'athéisme d'*aristocratie*; il traite les encyclopédistes de matérialistes qui réduisaient l'égoïsme en système et ne voyaient dans la probité qu'une affaire de goût. Il fait les yeux doux au catholicisme et combat avec colère ceux qui proposent de ne plus payer le clergé. Il exalte Rousseau qui « parle de la divinité avec enthousiasme », et son décret du 18 floréal an II par lequel le peuple français reconnaît l'existence de l'Être suprême et l'immortalité de l'âme, n'est autre que le *Credo* civil de Jean-Jacques.

La religion de Rousseau est une religion senti-
mentale et poétique, toute d'attendrissement et
d'effusion, le christianisme, sans la révélation, la
divinité de Jésus et les peines éternelles. Comparé
aux philosophes de son temps, Jean-Jacques était
relativement chrétien, et l'on a pu compiler un livre,
extrait mot pour mot de ses œuvres, qui le métamor-
phose en *apologiste* du christianisme. Son cœur
l'attirait vers la religion de l'Évangile. Nul n'a mieux
loué l'Écriture et sa beauté ravissante. Un des premiers, il a été captivé par la personne de Jésus, et
dans une saisissante allégorie il place sur l'autel
de la religion définitive, comme la suprême manifes-
tation du divin, le Fils de l'homme en habits d'artisan, au regard céleste, au verbe entraînant et tout
plein de la vérité. Mais le christianisme lui semblait
nuisible à la forte constitution de l'État, incompa-
tible avec la liberté, contraire à l'esprit social. Il
jugeait que cette religion, prêchant la servitude et la
dépendance, favorisait la tyrannie et détachait de
l'État, comme de toutes les choses terrestres, les
cœurs des citoyens. Les vrais chrétiens, écrit-il,
sont faits pour être esclaves et ne s'en émeuvent
guère, parce qu'ils mettent peu de prix à cette courte
existence. Et non seulement ils remplissent leur
devoir avec indifférence, puisque leur patrie n'est
pas de ce monde, mais ils croient qu'il n'y a point
de salut hors de leur Église, se donnent pour les
interprètes de Dieu, exigent l'hommage en son nom,
s'arrogent son pouvoir, se font Dieu à sa place. Ne

sont-ce pas des impies et des sacrilèges? Doit-on les laisser établir l'ordre à leur manière et troubler le repos du genre humain? Doit-on souffrir qu'ils dominent les autres et leur ouvrent l'enfer? Doit-on supporter qu'ils ramènent ou tourmentent quiconque ne partage pas leur foi? Voilà pourquoi Rousseau institue une religion civile, réduite au minimum, à un petit nombre de dogmes simples et clairs. Il exècre les intolérants, les fanatiques, les « dévots de profession » plus encore que les athées, et, de même qu'aux athées, il leur impose, sous peine de mort, une orthodoxie civique; dès lors, plus de disputes, plus de persécutions, plus de guerres sacrées, et les lois gardent leur empire.

La véritable originalité de Rousseau, c'est d'avoir rendu toute sa puissance au sentiment religieux et, comme dit son vicaire, d'avoir réveillé les consciences agitées, incertaines et presque éteintes. En un siècle de philosophie orgueilleuse et raisonnante, à une époque de science sèche et hautaine, Jean-Jacques s'élève avec extase et une sorte de mysticisme ardent vers le créateur des merveilles de la nature, vers cet auteur « inconcevable » dont le plus frappant attribut est la bonté. Il ne dispute pas sur l'essence divine, il ignore ce qu'elle est, mais il sait et il sent qu'elle est. Sa religion est dans son cœur, non dans sa tête, et de toutes les forces de son cœur il s'élance vers Dieu, pour y renaître et s'y ranimer, pour y trouver un ressort nouveau, pour y puiser une vie nouvelle.

Mais ce déiste enthousiaste est en même temps un esprit libre qui rompt avec l'autorité. Bien qu'il se défende d'être affirmatif et qu'il proteste que ses plus fortes assertions sont des doutes, il pousse le principe d'examen à ses dernières limites. Il parle des théologiens sur le ton le plus « déprisant ». Il fait fi des livres, « *toujours des livres! quelle manie!* », et il déclare que nul n'a droit de se fier au jugement d'autrui : il faut choisir nous-mêmes, ne nous approprier du sentiment des autres que ce qui nous persuade, n'admettre pour évidentes que les vérités auxquelles nous ne pouvons, dans la sincérité de notre âme, refuser notre consentement.

CHAPITRE VIII

« LES CONFESSIONS »

Les *Confessions* de Jean-Jacques sont l'œuvre des
six années les plus nomades et les plus agitées de
son existence (1765-1770). Il écrivit à Wootton les
cinq premiers livres, à Trye le sixième, à Monquin
les suivants, à Paris le douzième. Elles ne parurent
qu'après sa mort. Il avait remis le manuscrit aux
deux Moultou en 1770; Paul Moultou publia les six
premiers livres en 1781, et son fils Pierre, les six
derniers en 1788.

Rey d'Amsterdam, son libraire de prédilection,
Moultou et Duclos pressaient Rousseau de raconter
l'histoire de sa vie, et Jean-Jacques avait dès 1764
commencé son *portrait*. Mais le *Sentiment des citoyens*,
paraissant au début de 1765, fit connaître au monde
les vilenies de son passé. Il crut que Mme d'Epinay
avait fourni les matériaux du libelle, et persuadé
qu'on voulait le noircir à jamais, il supprima

l'esquisse de *Mon portrait* et rédigea des *Confessions* :
il expierait ses fautes en les avouant; triompher de
la mauvaise honte et se confesser, comme Sophie
à Emile, avec une intrépide et barbare franchise,
n'était-ce pas s'infliger une pénitence héroïque?
Mais bientôt éclatait la rupture avec Hume. Au lieu
d'être une expiation, son œuvre devint un plaidoyer.
Il chargea ses ennemis et n'épargna personne; « je
me confesserai, disait-il, pour eux et pour moi,
comme les dévotes catholiques ». Il adoucit ou biffa
les passages qui lui étaient trop défavorables, et
hardiment, délibérément, il fit sa propre apologie.
S'il dévoile en effet quelques-unes de ses indignités
et de ses misères, c'est pour qu'on ne le soupçonne
pas de pallier ou de cacher les autres. Il crie bien
haut qu'il se repent de ses fautes. Il a dérobé un
bout de ruban et accusé du vol la pauvre Marion;
mais il reconnaît qu'il a fait une action atroce, et
qu'après quarante ans, le souvenir de ce crime pèse
encore sur sa conscience. Tout en pleurant Claude
Anet, il pensait avec joie à l'habit noir dont il héri-
tait; mais ce sentiment « malhonnête » n'entra plus
depuis dans son âme. D'ailleurs qu'est-ce que cela,
mensonges, larcins, bassesses? Qui donc est exempt
de faiblesses? Qui n'a commis de ces vénielles pecca-
dilles? Il aima Mme de Warens, mais si purement!
Il exposa ses enfants, mais il faisait acte de citoyen
et se regardait comme membre de la république de
Platon! Enfin, le bien n'a-t-il pas, dans sa vie, surpassé le mal? Au milieu des préjugés et des vices

du siècle, n'a-t-il pas été le plus vertueux des hommes? N'est-il pas toujours resté libre, sans autre chaîne que les attachements de son cœur? N'a-t-il pas toujours suivi le chemin de la droiture, sans flatterie, sans ménagement? N'avait-il pas l'amour du vrai, la devise *vitam impendere vero*? A chaque instant il parle de sa générosité, de sa sensibilité. Dès la première page il affirme qu'il a été bon et sublime, et se remettant d'avance ses péchés, se donnant lui-même l'absolution, il s'écrie dans une orgueilleuse invocation à l'Être éternel : « Rassemble autour de moi l'innombrable foule de mes semblables; que chacun découvre à son tour son cœur au pied de ton trône, et puis qu'un seul te dise, s'il l'ose : « *Je fus meilleur que cet homme-là!* »

Les *Confessions* ne sont donc qu'un roman. Mais ce roman, Rousseau le regarde comme la pure vérité. Son imagination l'entraîne et il croit naïvement, candidement ce qu'elle lui dicte. C'est en toute sincérité qu'il embellit la première partie de son autobiographie et donne un sombre coloris à la seconde.

Agé, malade, fatigué du monde, il se laisse aller à ces souvenirs qui sont si tendres chez les vieillards, mais qui ne sont pas toujours *bien rappelants*. Il s'étend avec complaisance sur les années qui précédèrent son orageuse célébrité, les pare d'ornements, les revêt de tout l'éclat de la jeunesse : il cherche, en rétrogradant sur sa vie, à ressaisir une ombre de bonheur. N'a-t-il pas confessé qu'il transpose les temps et les lieux, qu'il prête quelquefois à la vérité des charmes étrangers et raconte les événements qu'il oublie comme ils auraient dû être?

La seconde partie de l'ouvrage offre le même procédé d'outrance. Tout était peint en beau dans les six premiers livres : tout est poussé au noir dans les six derniers. Non pas que Rousseau, répétons-le, ait menti de dessein prémédité ; mais là encore, et bien qu'il dispose d'une foule de documents, bien qu'il possède des copies de sa correspondance, son imagination se substitue à sa mémoire. Plus il avance dans le récit de ses glorieuses années, plus il voit les choses se rembrunir, plus il sent se serrer et s'épaissir autour de lui la ligue des perfides et des traîtres qui s'unissent pour le persécuter.

Il a fait œuvre d'artiste. Quel contraste entre les deux parties des *Confessions*! Ce ne sont, dans la première, que jeunes désirs, espoirs enchanteurs et brillants projets, que courses imprévues, voyages de plaisir et transports de félicité vagabonde, que monts et bois, prairies et villages se succédant sans fin ni cesse avec de nouveaux attraits, que rencontres picaresques, que liaisons éphémères, qu'aimables aventures dont les réminiscences laissent au cœur de Rousseau les regrets les plus vifs. C'est Mme Bazile appelant Jean-Jacques à ses pieds, sur une natte, d'un simple mouvement de doigt, et livrant aux baisers une charmante main qui se presse un peu contre les lèvres de l'amoureux novice. C'est Mlles de Galley et de Graffenried emmenant le jouvenceau prisonnier de guerre au manoir de Thônes, folâtrant avec lui

dans le verger et lui renvoyant à travers les branches
d'un cerisier les noyaux des fruits qu'il leur jette.
C'est Mme de Warens, si belle, si séduisante, même
dans ses erreurs, et quelle grâce, quelle mollesse
voluptueuse Jean-Jacques sait donner à son style
toutes les fois qu'il resonge à cette femme qui pos-
séda si longtemps son âme et décida de son destin!
L'idylle des Charmettes n'a pas existé; il faut reculer
de deux ans le séjour de Rousseau qui date de 1738,
non de 1736, et dès lors, puisque règne Wintzinried,
plus de scènes d'abandon, plus de joies intimes; la
solitude du tête-à-tête disparaît. Mais les Charmettes
resteront dans l'imagination des hommes ce qu'elles
furent dans celle de Rousseau : le réduit de l'amour.
Les pages attendries de Jean-Jacques prévaudront
contre les découvertes de ses érudits biographes.
On lira toujours avec émotion le récit de cette existence idéale qu'il a dépeinte de façon si légère, si
allègre, si juvénile, et le Rousseau de l'histoire
n'aura jamais le prestige du Rousseau de roman,
cueillant la pervenche, courant avec son amie les
coteaux et les vallons, vantant la douceur de son sort
et faisant pour la durée de ce bonheur des vœux qui
ne furent pas exaucés.

Mais à cette première partie toute pleine d'agréables objets et de délicieuses impressions, que Rousseau compose à son aise, ivre de ses souvenirs, ma-
niant et remaniant à loisir ses descriptions, succède
la seconde partie, qu'il griffonne à la dérobée et à
la hâte, le cœur inquiet et serré, l'imagination effa-

rouchée et hantée par la pensée des espions et des
argus, l'esprit convaincu que les plafonds ont des
yeux et les murs des oreilles. Plus ou presque plus
de tableaux riants, mais des images attristantes,
déchirantes : les brouilleries, les indignes manœuvres
qu'il croit formées contre sa réputation, les complots
de prétendus oppresseurs, un « édifice de ténèbres
profondes et impénétrables » qui s'élève autour de
lui, un « horrible mystère », un concours d'injures
et d'opprobres qui « a quelque chose de sinistre et
d'effrayant », l'accent et le cri de la détresse navrante.
Il fait fureur ; on l'accueille avec enthousiasme ; on
l'encense ; mais au sein de cette prospérité passagère
se prépare de loin la catastrophe, et bientôt le voilà
proscrit, ballotté sans relâche de tous côtés, « rassasié
d'ignominie ». Il ne voit plus que trahisons ; il en-
globe tous les hommes dans une même accusation de
perfidie ; il écrit sur Grimm et Mme d'Épinay les
pages les plus envenimées ; il lance à ses meilleurs
amis les traits les plus injustes ; il reproche à Moultou ses liaisons avec ses mortels ennemis ; il attribue
à Bordes la *Lettre à Pansophe* ; il tient Conzié pour
une créature de Choiseul.

Et pourtant, parmi les maux qui l'accablent, éclate
encore l'émotion d'une âme remuée par tous les spectacles de l'univers. Voilà le charme impérissable des
Confessions : la nature sincèrement sentie, vivement
goûtée, peinte avec une largeur, une suavité, une
nouveauté de touche que notre littérature ignorait
jusqu'alors. Cet homme qui se regarde comme un

martyr devrait, ce semble, rester indifférent aux choses. Mais c'est au milieu de la nature qu'il oublie ses malheurs ; c'est là qu'il trouve son refuge, sa consolation, sa seule jouissance ; là rien ne montre l'art, n'annonce la servitude et la domination ; là ne paraissent que « les tendres soins de la mère commune » et les productions spontanées d'une terre que des mains humaines n'ont pas forcée.

Il n'a pas compris la poésie de la mer et il préfère les ondes de son Léman aux flots du vaste Océan. Les œuvres des grands peintres ne le préoccupent guère, et de Venise il n'aime que l'Opéra et la musique des *scuole*. Mais il adore la campagne. Son imagination, qui languit et meurt sous les solives, ne s'anime que sous le feuillage, au milieu de l'herbe et des fleurs. Il ne peut supporter le gris des rues ; il veut avoir du vert devant les yeux, et il fuit dans les champs et au plus épais des forêts, s'esquivant comme un voleur, pressant le pas pour échapper aux importuns, et lorsqu'il a doublé certain coin, respirant à l'aise, prenant une allure plus tranquille, pétillant de joie à l'idée de ces objets agrestes, les seuls dont l'œil et le cœur ne se lassent jamais. Revoir, au sortir de l'hiver, les premiers bourgeons est pour lui un plaisir inexprimable ; il se figure qu'il « ressuscite en paradis ». S'il abandonne les Charmettes pour rentrer à Chambéry, il croit aller en exil ; il baise la terre et les arbres, et ne s'éloigne qu'en se retournant plusieurs fois. Il se plaint que les dryades n'existent pas ; elles l'auraient fixé.

« Quand vous me verrez près de mourir, disait-il,
portez-moi sous un chêne, je vous promets que j'en
reviendrai. »

Tous les lieux pittoresques qui vivent en son
souvenir, il les décrit avec précision et dans leurs
détails essentiels et frappants. Sobrement, sûrement,
d'un trait ferme et net, il dessine les bosquets et les
ombrages, les paysages de la Savoie, les environs de
Chambéry, et s'il oublie la vallée du Fier et qualifie
cette rivière de ruisseau, il peint de la façon la plus
vraie et la plus exacte les bords du lac de Bienne,
les gorges de la route des Échelles, la cascade de
Couz, les chalets aux toits de chaume, les chemins
raboteux et les pentes escarpées, les torrents, les
noirs sapins, les roches coupées à pic, les précipices
qui lui font bien peur, les abîmes qu'il contemple
en se couchant sur le ventre, pour se donner sans
péril des vertiges et des tournoiements de tête. Il
nous représente la naissance ou la fin d'un beau
jour, le soleil qui se lève, prompt comme un éclair,
et remplit aussitôt l'espace, ou qui, à son coucher,
laisse dans le ciel des vapeurs rouges dont la réflexion
rend l'eau du fleuve couleur de rose. Tout le monde
connaît le début de l'épisode de Thônes : « L'aurore
un matin me parut si belle... »; n'est-ce pas frais
comme l'aurore même?

Et ainsi, après La Fontaine, il retrouve la *rêverie* :
non pas seulement la rêverie du citadin, qui souhaite
d'avoir sur le penchant d'une colline une petite
maison blanche avec des contrevents verts; mais la

rêverie du poëte qui s'arrête attendri sans savoir pourquoi lorsqu'il entend les cloches du hameau, ou qu'il voit des troupeaux épars dans l'éloignement, et des prés couverts de gens qui fanent et qui chantent ; l'extase du « promeneur solitaire » qui parcourt les bocages, observant, admirant l'or des genêts et la pourpre des bruyères, tandis que les biches se dérobent dans le taillis, que les oiseaux gazouillent, qu'un petit vent frais agite les feuilles des arbres et que les eaux courantes des ruisseaux murmurent sur le gravier ; le ravissement du contemplatif qui s'enfonce dans les anfractuosités des rochers pour s'enivrer des charmes de la vie sauvage et se recueillir en un silence que ne trouble aucun autre bruit que les cris de la chevêche et de l'orfraie ; les délices de l'oisif écoutant le flux et reflux des vagues ou laissant errer ses regards sur les riches plaines et les montagnes bleuâtres, pendant que des idées légères et douces, obscures et confuses, effleurent la surface de son âme.

A ces descriptions — qu'il faut chercher non seulement dans les *Confessions*, mais dans les *Rêveries* et les *Lettres* à M. de Malesherbes — se mêlent des anecdotes, de courts récits, de rapides peintures de la vie bourgeoise qui par leur brièveté saisissante attachent et entraînent. Jean-Jacques avait le sentiment de la réalité, et il sème d'un bout à l'autre de ses mémoires les tableaux de genre les plus jolis. Il donne encore dans la sensiblerie : aux bords du Léman, il s'assied sur une pierre pour rêver d'un bonheur imaginaire et regarde ses larmes qui tombent dans l'eau, ou bien, sur la route de Colombier, il pleure en pensant aux bontés et aux vertus de Milord Maréchal. Mais quelle simplicité franche et cordiale lorsqu'il retrace les amusements de son enfance et les joies du foyer domestique, ou lorsqu'il rappelle ces vieilles chansons qui valent bien le tortillage moderne, ces romances aux airs doux, aux paroles naïves, souvent tristes, et qui plaisent pourtant ! Quelle émouvante sincérité lorsqu'il regrette l'existence paisible et heureuse qu'il aurait pu mener, s'il n'eût été qu'un artisan de Genève ! Quelle bonhomie charmante lorsqu'il raconte le repas sain et frugal qu'il fait chez le paysan, le déjeuner qui lui coûte deux pièces de six blancs, et les plaisirs qu'il savoure dans ses voyages pédestres ! Et que de détails pris sur le vif, comme la nuit qu'il passe près de Lyon, sur le chemin qui côtoie la rivière, pendant que les rossignols se répondent d'un arbre à l'autre !

Enfin, comme s'il se souvenait de son ancien métier et maniait derechef le burin, il grave finement, brillamment les portraits de ses amis et ennemis : Bâcle, Venture, Simond, le P. Caton, le P. Gros qui lace Mme de Warens et la suit en grondant tandis qu'elle court par la chambre, l'aimable Carrio, le fourbe Vitali, le sage, minutieux et tolérant Altuna qui rappelle par quelques endroits M. de Wolmar.

Vraies peut-être par l'impression de l'ensemble, et sûrement très inexactes dans le détail, les *Confessions* ont, comme leur auteur, un vilain côté. Ce qui les

dépare, c'est la crudité, la nudité, le cynisme
effrayant de certaines confidences. Sans doute Jean-
Jacques a été jeté de bonne heure dans de mauvaises
compagnies et il n'a pu se soustraire, au milieu des
sacripants de l'hospice turinois, à de honteuses aventures. Mais il a l'impudeur de révéler ses polisson-
neries et ses vices secrets, et, par bravade, il écrit
des choses qu'un honnête homme n'écrit jamais.
Ces ignobles passages soulevaient l'indignation de
Mme de Boufflers : « Ces infâmes mémoires, disait-
elle, sont les confessions d'un valet de basse-cour,
et même au-dessous de cet état. »

CHAPITRE IX

LE STYLE

Comme la plupart de ses contemporains, Rousseau ne sait pas composer. Il manque à ses écrits l'ensemble, l'ordonnance, cette « liaison des parties qui constitue le tout ». Lui-même reconnaît que son *Discours sur les sciences et les arts* manque absolument de cohésion et de logique. « Je jette, a-t-il dit, mes pensées éparses et sans suite sur des chiffons de papier; je couds tout cela tant bien que mal, et c'est ainsi que je fais un livre; j'ai du plaisir à méditer, chercher, inventer; le dégoût est de mettre en ordre. » Aussi ses ouvrages fourmillent de digressions et, selon sa propre expression, d'écarts peu tolérables. Mais son style fait tout oublier.

Il y a dans le *discours* de 1750 trop de figures de rhétorique, trop de pompeuses périphrases, trop de procédés d'école, et de ces machines qu'employaient alors les tenants du genre académique et les can-

didats aux prix d'éloquence. Rien n'est plus déclamatoire que la prosopopée de Fabricius. Mais d'un
bout à l'autre de ce petit pamphlet contre les lettres
et les arts circule un large souffle oratoire.

Le *Discours sur l'inégalité* est le premier chef-
d'œuvre de Rousseau. Le rhéteur a disparu pour
faire place au dialecticien plein de verve et de
poésie. Des traits hardis, de grandes images, d'écla-
tants tableaux se joignent à des raisonnements aussi
vigoureux qu'hypothétiques. Jean-Jacques part d'un
faux principe, mais nulle logique n'est plus impé-
tueuse, plus étincelante que la sienne.

Dans le *Contrat*, Jean-Jacques affecte le calme et
la gravité d'un docteur ès sciences sociales ; il veut
donner un air de rigueur géométrique à ce traité, et
il étale même en un endroit des termes d'algèbre.
Mais s'il prend volontiers l'accent d'un oracle, il
trouve des formules d'une belle concision, et bien
qu'il craigne de ressembler à Montesquieu, le tour
de ses réflexions rappelle quelquefois la brièveté
magistrale de l'*Esprit des lois*.

L'*Héloïse*, l'*Émile*, les *Confessions*, les *Rêveries*
renferment tous les tons habilement mêlés : Rousseau ne hait pas la « bigarrure » et il souhaitait que
son style fût tantôt rapide et tantôt diffus, tantôt sage
et tantôt fou, tantôt grave et tantôt gai. Pourtant il
y a dans l'*Héloïse* plus de déclamation et de pathé-
tique, voire de pathos. Le style de l'*Émile* est tel
que l'exige le sujet, clair, correct, élégant, plein de
mouvement, mais non de brusquerie. Les *Confessions*,

où il y a tant de choses et de personnages, offrent
la plus grande variété : vigueur, agrément, simplicité. « Je ne m'attacherai pas, avait dit Jean-Jacques,
à rendre mon style uniforme; j'aurai toujours celui
qui me viendra; j'en changerai selon mon humeur,
je dirai chaque chose sans recherche, sans gêne. »
Aussi est-ce le seul de ses ouvrages qui ne sent pas
l'huile. Les juges sévères y relèvent même des négli-
gences et des incorrections.

Les *Rêveries*, qui complètent et couronnent les
Confessions, respirent je ne sais quoi d'enchanteur
qui ne se peut définir; nulle part la prose de Rousseau n'est plus limpide, plus harmonieuse; nulle
part elle n'a plus de fraîcheur et de grâce, une mélancolie plus tendre, une langueur plus touchante;
écrite au déclin de sa vie, lorsque s'affaiblit sa raison, et non son génie, cette œuvre suprême de Jean-
Jacques est, comme l'avant-dernière lettre de sa
Julie, le *chant du cygne*.

La force, l'énergie, la chaleur, voilà les traits dis-
tinctifs du style de Rousseau. La langue de ses contemporains — si l'on en excepte Buffon — était un
peu maigre, sèche et frêle; elle avait clarté, netteté,
rapidité; il lui manquait l'ampleur, la vigueur, la
majesté de la langue du xviie siècle. Rousseau a la
phrase large, sonore, mâle, ferme, pleine de noblesse
et de dignité, à la façon de Buffon, et toutefois plus
souple et plus vive. Il a l'éloquence; il a l'ardeur, la
véhémence, la passion, ce tour persuasif qui vient
de la persuasion intérieure; il a l'art de transmettre

aux autres le sentiment qui le pénètre et l'inspire. C'est un orateur; la *Lettre sur les spectacles* et les *Lettres de la Montagne* sont des discours achevés, et la *Lettre à Christophe de Beaumont*, qu'on peut nommer sa *Provinciale*, compte parmi les plus fulminantes ripostes que cite l'histoire de la polémique.

Nul ne sut mieux, à son époque, développer une idée, la développer avec autant d'abondance que de mouvement, la mettre puissamment en branle et la pousser comme une machine de siège, l'étayer de preuves, l'animer de la flamme de son âme, la colorer de l'audace de sa pensée, et produire, au fur et à mesure qu'elle marche en avant, une impression de plus en plus forte. Toutes les ressources, tous les artifices, tous les effets, il les emploie, et avec une merveilleuse habileté : portraits piquants, descriptions brillantes, exemples saisissants, comparaisons justes et imprévues, invectives acérées, répliques amères, ironiques, écrasantes, et sa thèse, ainsi soutenue et lancée, se termine encore par un trait dont l'éclat et le relief égalent ou surpassent ce qui précède. Aussi, quiconque lit Rousseau est, quoi qu'il fasse, emporté, entraîné; il a ce courant qui vous enlève. « En voyant, écrit Saint-Martin, un homme qui dit si bien, on est tenté de penser qu'il ne peut que dire vrai; il ne vous laisse pas le temps de regarder, et il tient si bien tous les passages, que vous ne pouvez vous échapper de lui. » Rousseau lui-même a défini son style; seuls le géomètre et le sot peuvent parler sans figures ; lui, il veut vivifier le raisonnement par des images et des figures ; pas de froides maximes, mais des sentiments qui débordent ; « ma raison sera sentencieuse, mais mon cœur n'aura jamais assez dit ».

Il laisse donc parler son cœur, et selon que son cœur s'indigne ou s'attendrit, il donne à son style la vigueur de l'indignation ou l'alanguissement de la tendresse. Chez lui, la grâce s'unit à la force. Sa langue sait se faire moelleuse, caressante, fondante, *schmelzend,* comme s'expriment les Allemands. Il a jugé sa propre diction en divers endroits de l'*Héloïse* : si les sentiments de Julie, a-t-il dit, sont écrits en caractère de feu, les angoisses de Mme de Wolmar s'exhalent dans le style le plus doux, et la description des mœurs valaisannes renferme les traits les plus touchants. Avec quelle fraîcheur exquise il rend les impressions qu'il reçoit de la nature ! Quelle fine et séduisante peinture il a faite des femmes qu'il aimait ! Ne croirait-on pas, toutes les fois qu'il parle de ces « objets chers et funestes », qu'il leur a pris quelque chose de leur aisance, de leur délicatesse et de leur charme ? Quels sont les substantifs qu'il affectionne ? Attendrissement, attrait, délices, émotion, épanchement, extase, félicité, jouissance, regret. Ses verbes de prédilection ? Affecter, amollir, émouvoir, soupirer. Ses épithètes favorites ? Caressant, céleste, charmant, doux, délicieux, expansif, languissant, ravissant, tendre, touchant. Jean-Jacques, disait Joubert, « a donné des entrailles à tous les mots et y a répandu de pénétrantes douceurs comme de puissantes énergies ».

Le secret de ce style, c'est le travail le plus patient et le plus consciencieux qui se puisse imaginer. Rousseau fut le plus laborieux des artistes et il conquit sa gloire à la sueur de son front. Il a recopié quatre ou cinq fois ses manuscrits et n'a cessé de retoucher, de corriger longuement, savamment, scrupuleusement chaque page et chaque ligne. Ses lettres mêmes sont limées, lentement polies et repolies, nullement improvisées. Il n'avait pas l'esprit de conversation et n'était pas un épistolier à la Sévigné ou à la Voltaire : rien de facile et de dégagé ; rien de leste et d'espiègle ; nulle aimable négligence ; nulle verve spirituelle ; presque toujours de l'éloquence et quelque chose de grave et de profond. Ses *Lettres* à M. de Malesherbes et à Mme d'Houdetot sont de véritables ouvrages.

Cet obstiné labeur le conduit à la perfection. En mettant son œuvre sur le métier avec une infatigable persévérance, il réussit à rajeunir des sujets vieillis, à donner aux lieux communs les plus usés un air de nouveauté, à traiter grandement et à rehausser des choses rebattues et triviales, comme la comparaison de l'adolescence et du printemps dans le deuxième livre de l'*Émile*. Grâce à cet effort constant — et à l'oreille délicate du musicien — il attrape le rythme et le nombre. Sa prose est souvent chantante et cadencée ; elle offre une sorte de mesure. « Où m'entraînent les chevaux avec tant de vitesse ?...

O amitié! O amour! est-ce là votre accord? Sont-ce là vos bienfaits?... As-tu bien consulté ton cœur en me chassant? » Rousseau, disait le marquis de Mirabeau, est notre plus grand *harmoniste*.

Sans doute, quoique rarement, son style sent encore l'étranger, l'homme qui n'a pas été dès l'enfance imbu du génie de notre langue, et de même qu'on discernait dans le latin de Tite-Live des traces du parler de Padoue, on a trouvé chez Rousseau un peu de rouillé genevoise et comme des accents de premier terroir. Sans doute, à force de revenir sur l'expression et de la raffiner, il est quelquefois recherché, précieux, et on lui en veut d'avoir dit dans l'admirable lettre de Meillerie que « les feux du cœur rendent supportable un lieu qui respirait la rigueur des hivers ». Sans doute il lui arrive d'être tendu, raide, emphatique; il appuie trop; il charge la couleur et pousse à l'effet; il recourt fréquemment à l'interjection et à l'apostrophe; il cite à satiété les anciens et il compare Julie suivie de ses enfants et acclamée par les paysans à la fière Agrippine qui montre son fils aux troupes de Germanicus. C'est de lui que datent le genre guindé, théâtral des révolutionnaires, la déclamation, et ce que Mme du Deffand avait si bien nommé l'éloquence verbiageuse, l'abus démesuré de l'exclamation, de l'invocation et de la prosopopée, les fastueux appels aux Spartiates et aux Romains, et ces éloges outrés que l'écrivain ou l'orateur décerne à sa sensibilité et à sa vertu.

Mais, nourri du *Plutarque* d'Amyot, de Rabelais, de Montaigne, de Charron et de nos vieux auteurs, il a renouvelé la langue, ou, comme dit Sainte-Beuve, il l'a labourée, ensemencée, fertilisée. Il avait dû s'en rendre maître, la forcer, la contraindre; elle reste à peu près telle qu'il l'a faite, et la forme établie par Jean-Jacques est celle de notre siècle. N'a-t-il pas employé le mot propre à l'époque où Buffon prescrivait de désigner les choses par les termes les plus généraux? N'a-t-il pas introduit des vocables nouveaux, comme *désinvolture*, ou comme *rêche* au sens métaphorique? N'a-t-il pas retracé, non par des expressions abstraites et de vagues périphrases, mais de la façon la plus précise, la plus vivante, ces détails familiers et caractéristiques qu'on bannissait alors et qu'on aime tant aujourd'hui?

CHAPITRE X

L'INFLUENCE

On a vu quelles conséquences eurent le *Discours sur l'inégalité*, l'*Émile* et le *Contrat social*. Mais il faudrait un livre entier pour exposer l'influence de Rousseau sur les hommes de son temps et des âges suivants. Tout ce qu'il écrit annonce et prépare la Révolution. Non seulement il la prédit en cet endroit de l'*Émile* où il assure que les grandes monarchies sont sur leur déclin et qu'on approche de l'état de crise, mais il la fomente dans les cœurs. Il a senti, sondé la profonde misère des classes inférieures. Il déplore le sort du peuple qui « gémit sans espoir sous le poids de l'oppression ». Il flétrit les subdélégués, les « barbares publicains qui dévorent les fruits de la terre » et les « coquins accrédités » qui se font exempter de toute contribution. Il montre les paysans déguenillés, exténués de jeûnes, languissant dans des masures, et s'ils ont un peu d'aisance, cachant leur vin et leur pain à cause des impôts et se donnant l'air de meurt-de-faim pour éviter la ruine. Il combat le préjugé des conditions et les *maximes gothiques*. La noblesse, dit-il, se grave, non pas avec de l'encre sur de vieux parchemins, mais au fond du cœur en ineffaçables caractères; la femme du charbonnier est plus respectable que la maîtresse du prince; un monarque devra prendre pour bru la fille du bourreau, si elle convient à son fils; Saint-Preux, ce *quidam*, vaut mieux que tous les hobereaux d'Europe, et son honneur d'homme de bien pèse autant que l'honneur du baron d'Etange; les riches ont tous les vices, et les pauvres toutes les vertus; pudeur, justice, humanité sont des mots roturiers.

C'est par de semblables tirades éparses dans ses ouvrages que Rousseau répandit dans les âmes françaises le désir généreux d'une rénovation des choses et cet esprit chimérique, déclamateur, sensible, épris d'une fausse antiquité, mais noble, sincère et stoïque qui voulut transformer la société suivant les principes de la nature. Il avait nié les bienfaits de la civilisation; il répudiait l'histoire; il enseignait le mépris du passé; à sa voix, ses contemporains dédaignèrent la réalité, rompirent avec la tradition et firent table rase.

Tous les politiques de la Révolution s'inspirent donc de Rousseau. Mais celui qui représente son esprit avec le plus de charme et d'éclat, c'est Mme Roland. On l'a nommée justement la fille de

Jean-Jacques ou le Jean-Jacques des femmes. Elle
admire l'*Émile*. Elle tient l'*Héloïse* pour un chef-
d'œuvre de sentiment; « celle qui l'a lue sans s'être
trouvée meilleure, n'a qu'une âme de boue ». Elle
doit à Rousseau ce qu'elle a de chaleur et d'élévation. Comme lui, elle veut un Dieu, une âme, une
immortalité; comme lui, elle voit dans Jésus l'homme
le plus parfait, et dans l'*Évangile* le plus beau des
livres. Comme lui, elle écrit ses *Mémoires*, et, comme
lui, elle manque de réserve et de délicatesse en certains passages. Dans sa lettre au pape, elle amplifie
la réponse de Rousseau à l'archevêque de Paris.
Son amour pour Buzot est un amour à la Jean-Jacques, romanesque, exalté, qui se glorifie des sacrifices qu'il fait à la vertu, et s'imagine fièrement con-
cilier le devoir et la passion.

Tel était l'empire de Rousseau sur les grands
acteurs du drame révolutionnaire. Mais le peuple
ne subissait pas moins le prestige de l'homme qui
s'était fièrement qualifié d'ouvrier et se titrait *citoyen*.
Jean-Jacques était aux yeux de la foule l'ami de la
nature et de la vérité, le défenseur des humbles et
des souffrants. On contemplait avec attendrissement
la gravure de Queverdo qui le représentait entouré
d'enfants et de nourrissons allaités par leurs mères.
On chantait l'hymne du 20 vendémiaire qui le proclamait le modèle des sages et le bienfaiteur de
l'humanité. On le regardait comme la victime des
tyrans.

Les mêmes sentiments animaient les soldats de la

République. « O Jean-Jacques, dit un volontaire, que n'es-tu témoin de notre Révolution ! Tu en fus le précurseur. Tes écrits nous ont éclairés ! » Hoche, dépouillant les églises, s'écrie, comme Rousseau, que l'Éternel n'exige d'autre hommage que la pureté du cœur, et dans les amertumes de la disgrâce il se rappelle que Jean-Jacques n'obtint justice qu'après sa mort.

Mais la Révolution militante n'avait-elle pas écouté les conseils du philosophe ? Il nommait les troupes de ligne la peste de l'Europe, et il exécrait ces « mercenaires à l'air rogue et rampant » qui ne savent que conquérir au dehors et asservir au dedans. Il prêchait la levée des volontaires ; tout citoyen, répétait-il, est soldat par devoir, non par métier, et cinq sous de paye et la peur des coups de canne ne donneront jamais une émulation pareille à celle que donne à l'homme libre l'amour de son pays.

L'influence de Rousseau s'étendit à la littérature. Sous la Révolution, il forme deux écoles d'orateurs : l'une qui vise à l'éloquence forte, imagée et, comme il disait, coloriée ; l'autre qui n'emploie que le raisonnement froid, aigu, pénétrant. Robespierre représente la première de ces manières ; Saint-Just, la seconde. Robespierre forge laborieusement des périodes élégantes et nobles ; Saint-Just est bref, nerveux, épigrammatique. Robespierre se propose pour modèle l'*Héloïse*, qu'il avait toujours sur sa table ; Saint-Just, la dialectique du *Contrat social*.

Mais la gloire de Rousseau, c'est d'avoir eu des disciples comme Bernardin de Saint-Pierre, Chateaubriand, George Sand et tant d'autres. Il leur apprit à décrire la nature. Les élèves ont surpassé le maître : ils ne se bornent pas à tracer, comme lui, des traits généraux ; ils particularisent et ils circonstancient le spectacle qu'il n'a contemplé qu'en masse et dans l'ensemble ; ils entrent plus hardiment dans le détail et lui donnent plus de relief et de saillie ; ils peignent les nuances et jusqu'aux moindres reflets. Toutefois Rousseau est le grand novateur et initiateur. Le premier, il avait « mis du vert dans notre littérature » ; le premier, il avait mêlé le paysage au récit, encadré les tableaux de la vie morale dans un site aimable ou majestueux, prêté le décor et, comme il dit, le concours des objets environnants aux aventures des personnages ; le premier, il avait offert à l'imagination les grandioses horizons et dévoilé la beauté des scènes alpestres. L'âme de nos écrivains a depuis lors plané dans l'univers et s'est ouverte aux mille voix des choses. Cette nature qu'on ne voyait qu'en passant et que Jean-Jacques avait regardée et aimée, a été chantée par nos romanciers et nos poètes. Ils lui ont voué la passion profonde, le culte, l'idolâtrie que lui vouait Rousseau ; ils l'ont prise pour confidente ; ils lui ont communiqué leurs propres émotions, leur angoisse ou leur sérénité.

Enfin, Jean-Jacques introduit le *moi* dans les œuvres de l'esprit. Pas un seul de ses écrits où il ne

se montre à nous ; pas un seul où il ne jette ses
sensations ; pas un seul qui ne soit, suivant son
expression, plein de ses affections d'âme. Il passa la
seconde moitié de sa vie à raconter la première, et
l'on peut dire de tous ses livres ce qu'il disait des
Lettres de la Montagne, que, sans le « moi », ils n'auraient pas existé. Rousseau est donc lyrique, et le
plus grand lyrique du XVIIIe siècle ; il révèle à ses
successeurs la veine de l'inspiration personnelle. A
son exemple, Chateaubriand, Mme de Staël, Lamartine, Vigny, Hugo, Musset se confessent et, comme
lui, tirent de leurs aveux les effets les plus surpre-
nants. Rousseau est le père du romantisme. Ne se
sert-il pas, tout en lui donnant le sens de « romanesque » et de « pittoresque », du mot *romantique* ?
N'a-t-il pas eu le désir et le tourment de l'infini ?
N'est-ce pas lui qui, l'un des premiers, parle du
« vide inexplicable » de son cœur, et de ses élans
vers une jouissance dont il sent le besoin, mais dont
il n'a pas d'idée ?

Comme la France, l'Allemagne fut séduite par les
magiques attraits de l'éloquence du Genevois. Les-
sing ne peut prononcer le nom de Rousseau « sans
respect ». Herder le regarde comme son guide et
projette de faire d'Émile l'enfant national de la
Livonie. Gœthe et les *Stürmer* qui se révoltent contre
la vieille école et ne reconnaissent plus aucune règle,
Klinger, Lenz, le peintre Müller, Heinse, sont
« rousseauistes ». Tous se jettent dans l'idéal et
rompent violemment avec la société ; tous se nour-

rissent du « divin » Jean-Jacques et se modèlent sur
lui ; tous se passionnent pour la liberté, se préoccupent des émotions du cœur, affectent la sensibilité.
Que serait *Werther* sans l'*Héloïse*? Schiller aurait-il
composé ses premiers drames s'il ne s'était, comme
la plupart de ses contemporains, enivré des écrits du
« nouveau Socrate » qui « des chrétiens voulut faire
des hommes » ? Et quelle influence, à la fois senti-
mentale et littéraire, Rousseau exerça sur les philosophes allemands! Il ne leur impose pas sa concep-
tion de l'histoire et de l'humanité; mais il les rend,
au moins un instant, révolutionnaires et démocrates.
Hegel et Schelling crient en 1789 « vive Jean-
Jacques », et Fichte reste jusqu'au bout le disciple
de Rousseau comme de Kant.

L'action de Rousseau ne fut pas moindre en Angleterre. Chose curieuse, Mrs Behn avait, longtemps
avant lui, dans le roman d'*Oroonoko*, célébré la
nature comme le plus sage des maîtres et l'innocence
primitive des sauvages de Surinam comme le meilleur état de l'homme. Mais Rousseau fit oublier
Mrs Behn. Le public anglais goûta vivement ses
déclamations. Si Ferguson les combattit, il par-
tagea l'admiration de Jean-Jacques pour les peuples
barbares et les républiques antiques. Goldsmith,
décrivant le *Village abandonné*, vit dans le luxe la
cause de tous nos maux. Cowper déclara que Rousseau avait atteint la suprême éloquence et dépassé
par sa prose la magnificence du vers. Byron l'imita
plus d'une fois; il feuilletait l'*Héloïse* lorsqu'il visita

les bords du Léman, et dans *Childe Harold* il chante les malheurs du grand sophiste, sa folie qui revêtait l'apparence de la raison, sa parole inspirée qui mit le monde en flammes. Rousseau, écrit George Eliot, « a vivifié mon âme et éveillé en moi de nouvelles facultés ».

CHAPITRE XI

CONCLUSION

L'imagination a été la faculté maîtresse de Rousseau. Il se défiait d'elle dans ses dernières années, et pour l'amortir et l'éteindre, il étudia la botanique et copia Mézeray. Mais durant toute sa vie il s'abandonne entièrement à elle, ne croit qu'en elle et la juge infaillible. C'est elle qui lui représente si vivement les choses ; grâce à elle, il voit réellement ce qu'il sent et ce qu'il porte dans son cœur ; grâce à elle, il décrit en hiver le printemps et dans des murs un beau paysage ; s'il était à la Bastille, il tracerait, grâce à elle, le plus riant tableau de la liberté. C'est l'imagination qui lui fait opposer aux raffinements de la société contemporaine un idéal romanesque de la nature. C'est elle qui le domine et l'entraîne lorsqu'il se perd au milieu des espaces, s'enfonce en pays de chimères et s'élance dans l'avenir avec tant de force et d'illusion. C'est elle qui peuple sa soli-

tude d'êtres selon son cœur, si bien, disait-il une
fois, qu'il a passé les trois quarts de son existence
avec les enfants de ses fantaisies. Il voit une maison :
« Elle renferme peut-être un ami » ; il voit un parc :
« Une personne digne de mes hommages se pro-
mène peut-être dans ce parc ». Son imagination lui
suffit, même en amour ; elle brûle le sang de cet
homme qui n'ose rien dire, ni rien entreprendre :
« On jouit moins, a-t-il écrit, de ce qu'on obtient que
de ce qu'on espère, et l'on n'est heureux qu'avant
d'être heureux ». C'est l'imagination qui l'enflamme
lorsqu'après avoir lu le récit d'un forfait, il se lève
pour poignarder le criminel. C'est elle qui l'effa-
rouche au point qu'il souffre plus des maux futurs
que des maux présents, et de la menace que des
coups. Il tient pour certain ce qu'elle lui montre,
et il accueille les fantômes qu'elle évoque, comme
s'ils étaient visibles et palpables. Avant sa querelle
avec Hume, il assure que Ramsay a très bien réussi
son portrait ; après la brouille, il déclare sérieuse-
ment que cette peinture le rend noir et terrible, et
que Hume a recommandé de lui donner la figure d'un
affreux cyclope. Diderot l'accuse d'avoir voulu
brouiller Saint-Lambert et Mme d'Houdetot ; Rousseau nie, et, pour se disculper, il lit une lettre de la
dame qui prouve justement sa perfidie. Il est donc
sincère, même dans le mensonge, et ne parle jamais
contre sa pensée ; il juge de bonne foi les choses,
non pas telles qu'elles sont, mais telles qu'elles lui
paraissent, non pas comme elles se passent en

dehors de lui, mais comme elles s'arrangent dans
sa tête; ses colères, témoigne Mme de Boufflers,
n'étaient pas fondées, mais elles étaient réelles.
Qu'on le contredise le moins du monde, qu'on lui
fasse la moindre critique, et son imagination est
aux champs; ce petit mot que vous jetez dans la
conversation ingénument et sans méchante intention, ce ton, ce regard, ce geste, il l'emporte, le
rumine, le grossit, y trouve ce que vous ne pensez
pas, et le voilà fâché pour toujours avec vous.

A cette imagination déréglée se joignent, de son
aveu, un prodigieux amour-propre et un orgueil
diabolique. Personne n'a pensé ni parlé de soi aussi
superbement. Il vaut mieux, dit-il sans cesse, que
les autres hommes, et la nature a brisé le moule
dans lequel elle l'avait jeté. Il attribue à tout ce qu'il
fait une extrême conséquence, et prétend que, s'il
couche une fois chez le maréchal de Luxembourg,
le public et la postérité lui demanderont compte de
cette seule nuit. Il déclare qu'il étonne l'Europe par
la vigueur de sa plume; que ses livres sont les seuls
du siècle qui portent au cœur la persuasion; qu'aucun
philosophe n'a médité plus profondément, plus utile-
ment que lui, ni publié autant d'écrits en aussi peu
de temps; que son éloquence ne se peut imiter; que
certaines parties de l'*Héloïse* sont des chefs-d'œuvre
de diction; que nulle âme ne résisterait à l'attrait
des images et à la force des raisons qu'il a mises
dans quinze volumes; qu'on devrait élever des sta-
tues à l'auteur d'*Émile* et que pas un littérateur

vivant n'a eu de moments plus brillants que les siens. « Quand je serai mort, disait-il, le poète Jean-Baptiste Rousseau sera un grand poète, mais il ne sera plus le grand Rousseau. » La persécution même dont il se croit l'objet exalte son orgueil, au lieu de le rabattre : cette ligue qu'une génération entière a formée contre lui seul est un cas unique, depuis que le monde existe ; c'est l'entreprise la plus singulière et la plus étonnante, un plan dont il faut admirer la grandeur et la beauté, un dessein conçu avec génie et adroitement exécuté ; jamais mortel n'a vécu dans la même « dépression » et il se flatte, comme le Tasse, d'être le plus célèbre et le plus malheureux des hommes.

Cette effroyable vanité l'a perdu. Rapportant tout à soi, se regardant comme un être d'exception, convaincu qu'il doit « faire la loi » et non la recevoir, ne pardonnant jamais à ceux qui, suivant son expression, jettent sur lui le grappin du bienfait, ne répondant aux généreux procédés que par un mot aigre ou une offense, hébergé deux ans par Mme d'Épinay et finissant par lui reprocher ses indigestions, il n'a d'autre règle de vie que sa sensibilité. Sitôt que le devoir l'embarrasse, il s'en affranchit lestement ; dans ses actes comme dans ses écrits, il ferme les yeux sur ce qui le gêne. Il a donc été le jouet de ses impressions ; il avait le désir, et non le vouloir ; il ne pouvait que rêver, et ne savait ni agir ni réagir. Son existence est décousue, sans suite, sans fixité, sans équilibre. Extrême en tout,

et se contredisant lui-même à chaque instant, timide
et impertinent, honteux et cynique, difficile à
ébranler comme à retenir, et dépassant les autres
une fois qu'il est en train, capable d'élans et retom-
bant bientôt dans l'inertie, combattant et flattant
son siècle, maudissant sa réputation littéraire et ne
visant qu'à la défendre et à l'accroître, recherchant
la solitude et voulant être connu du monde entier,
fuyant les attentions et dépité de ne pas les recevoir,
décriant les grands et vivant avec eux, célébrant les
délices de l'indépendance et ne cessant d'accepter
une hospitalité qu'il faut payer en frais d'esprit, ne
rêvant que de chaumières et habitant des châteaux,
s'acoquinant à une servante d'auberge et n'aimant
que des femmes de haute volée, prônant les joies de
la famille et manquant à ses devoirs de père, couvrant de caresses les enfants des autres et mettant
les siens à l'hospice, louant avec effusion le céleste
sentiment de l'amitié et ne l'éprouvant pour personne, se donnant et aussitôt se retirant, d'abord
expansif et cordial, puis soupçonneux et farouche,
voilà Rousseau. Aussi lorsqu'il se voit condamné
pour irréligion — lui qui se considérait comme le
plus religieux des philosophes, — lorsqu'il est
chassé de tous ses asiles, lapidé, exilé de Saint-
Pierre où il s'emprisonnait volontairement, lorsque
les pamphlets de Voltaire dénoncent les turpitudes
de sa vie, il est à jamais déconcerté, démoralisé; au
lieu de relever la tête et de lutter, il s'abîme dans le
désespoir et devient fou.

Mais lui-même reconnut qu'il méritait d'être
malheureux, et sans ses *Confessions*, qui saurait
ses faiblesses? Il n'a pas eu de mère; son père le
délaissa; sa première éducation lui vint d'une femme
corrompue. S'il accueillait aisément les propos de
l'antichambre, s'il manquait de tact et même de goût,
s'il mêlait à ses idylles, voire à sa morale des détails
qui, selon le mot de son contemporain Le Roy, avoi-
sinent l'indécence, il avait été laquais et en gardait
quelque chose. Il fut bienfaisant, désintéressé, courageux. On le vit se priver du nécessaire pour soulager les pauvres. Il renvoyait quarante-cinq louis
sur cinquante que le duc d'Orléans lui adressait pour
de la musique copiée. Comme bien d'autres, il aurait
pu se mettre aux gages des libraires et vivre dans
l'opulence; mais il savait que rien de grand, de
vigoureux ne part d'une plume vénale, et il écrivit
par passion, et non par métier, d'après son cœur
et parce que « sa tête active et pensante sentait l'attrait et le délire du travail d'esprit ». Il ne
désavoua jamais ses ouvrages : il n'était pas de ceux
qui lâchent un livre dans le public et qui font le
plongeon; il ne craignait pas de se commettre, de
s'exposer à découvert, d'attirer l'orage. Il s'abandonne à l'impétuosité de son indignation contre les
vices du siècle. Depuis les jours de Bossey où, se
levant sur son lit, il criait de toute sa force *carnifex!*
à ceux qui l'avaient injustement maltraité, il a eu la
haine de l'iniquité. Sans doute il combine les idées
vraies avec les idées fausses, et ce qu'il y a de mau-

vais et de malsain domine dans cet alliage sur ce
qu'il y a de sain et de réellement bon ; lui-même confesse qu'il craint de pécher par le fond et de gâter
toutes ses théories par des extravagances. Mais il
crut tracer à ses semblables la route du bonheur.
Rentrez dans vos cœurs, leur disait-il, vous y retrou-
verez le germe des vertus que vous étouffez sous un
vain simulacre ; consultez toujours votre conscience
pour redresser les erreurs de votre raison ; écoutez
cette voix intérieure que les philosophes traitent de
chimère. Il aspirait au mieux ; il rêvait la simplicité
des mœurs, la droiture naturelle des sentiments, un
état bien constitué où chacun reçût une éducation qui
lui apprît à remplir ses devoirs et à faire son métier
d'homme, l'unité de la volonté générale, le gouvernement de tous par tous, la félicité durable que le
juste obtient dans l'autre vie après avoir contemplé
l'Être suprême dans celle-ci. Il souffrit en cherchant
l'idéal qu'il prêchait avec la foi d'un apôtre. Le
malheur l'a sacré. On plaint ses misères, et l'on ne
peut se défendre de l'aimer, d'être entraîné vers lui,
comme les nobles cœurs de son temps, par la pitié
et par une irrésistible sympathie. « Vous me de-
mandez ce qu'il me semble de Rousseau, écrit Fré-
déric à Voltaire, il faut respecter les infortunés, il
n'y a que les âmes perverses qui les accablent. »

FIN

TABLE DES MATIÈRES

LES

GRANDS ÉCRIVAINS FRANÇAIS

ÉTUDES SUR LA VIE, LES ŒUVRES ET L'INFLUENCE

DES PRINCIPAUX AUTEURS DE NOTRE LITTÉRATURE

Chaque volume est consacré à un écrivain différent

et se vend séparément.

Prix du volume, avec un portrait en photogravure.   **2 fr.**

En vente :

VICTOR COUSIN

par M. Jules SIMON

de l'Académie française.

MADAME DE SÉVIGNÉ

par M. Gaston BOISSIER

de l'Académie française.

MONTESQUIEU

par M. Albert SOREL

de l'Institut.

GEORGE SAND

par M. E. Caro

de l'Académie française.

TURGOT

par M. Léon SAY

Député,

de l'Académie française.

A. THIERS

par M. P. DE RÉMUSAT

Sénateur,

Membre de l'Institut.

COULOMMIERS
Imprimerie Paul Brodard.